求是聚珍

——浙江大学可移动文物精选

胡志富 主编

ZHEJIANG UNIVERSITY PRESS
浙江大学出版社

图书在版编目 (CIP) 数据

求是聚珍：浙江大学可移动文物精选 / 胡志富主编 . —杭州 : 浙江大学出版社， 2017.9

ISBN 978-7-308-17032-1

Ⅰ. ①求… Ⅱ. ①胡… Ⅲ. ①文物—杭州—图录
Ⅳ. ① K872.551.2

中国版本图书馆 CIP 数据核字 (2017) 第 147177 号

求是聚珍——浙江大学可移动文物精选

胡志富　主编

责任编辑　杨　茜
责任校对　杨利军　邵吉辰
封面设计　石　几
出版发行　浙江大学出版社
（杭州市天目山路 148 号　邮政编码 310007)
（网址：http://www.zjupress.com)
排　　版　城色设计
印　　刷　浙江印刷集团有限公司
开　　本　889mm×1194mm　1/16
印　　张　13.75
字　　数　149 千
版 印 次　2017 年 9 月第 1 版　2017 年 9 月第 1 次印刷
书　　号　ISBN 978-7-308-17032-1
定　　价　198.00 元

浙江大学出版社发行中心联系方式：0571-88925591；http://zjdxcbs.tmall.com

序

“国有成均，在浙之滨。”浙江大学是一所具有深厚文化积淀和艺术底蕴的百年学府，也是可移动文物收藏的重要机构。第一次全国可移动文物普查即发现其收藏的文物种类繁多，涉及本次普查 35 个文物类别的 28 个，有玉石器、宝石，陶器，瓷器，铜器，金银器，铁器、其他金属器，雕塑、造像，石器、石刻、砖瓦，书法、绘画，文具，甲骨，玺印符牌，钱币，牙骨角器，古籍图书，碑帖拓本，武器，邮品，文件、宣传品，档案文书，名人遗物，玻璃器，乐器、法器，皮革，票据，度量衡器，标本、化石，其他，其中标本、化石，古籍图书，档案文书和钱币居多，分别由浙江大学图书馆、档案馆、文物与博物馆学系、教育学院、地球科学学院、生命科学学院、农业与生物技术学院等七家单位管理保护。

浙江大学七家文物收藏单位保管的可移动文物，各具特色。其中，图书馆收藏有国立浙江大学、浙江师范学院、杭州大学等各时期的藏书，最早的入藏时间在 20 世纪 20 年代前后，珍贵善本大约有 2 万多册；还收藏有新旧石器时代的石刀、石斧，有西周时期的陶罐，唐代典型的三彩马、三彩侍女俑等。档案馆馆藏档案始于 1911 年，保存有大量的学生成绩簿、学生情况调查表、选课存根等国立浙江大学学籍档案，较有特色的是民国时期各类证明证书、报刊、校史资料、名人手稿，以及马一浮、刘海粟、常书鸿等名家书画作品，尤为珍贵的是马一浮等名家书画作品 129 件 / 套。文物与博物馆学系保存文物多为陶器、瓷器、玉器、石器、青铜器、骨器、钱币、书画等。教育学院主要是民国期间的图书和解放前教育、体育学科的报刊资料。地球科学学院与生命科学学院分别收藏有古生物化石和植物标本等。农业与生物技术学院昆虫标本馆建于 1926 年，收藏有自然类藏品，包括昆虫模式标本、中国新记录种标本、国家一、二级保护动物标本、昆虫化石标本、浙大西迁时采集标本和 1950 年至今的农业昆虫生活史标本等。

值此浙江大学 120 周年之际，我们把分藏于全校各单位的可移动文物进行精汇付梓，取名“求是聚珍”。画册以浙江大学第一次全国可移动文物普查成果为基础，精选出 260 余件具有较高历史价值、艺术价值、科学价值的文物珍品，按可移动文物类别玉器，瓷器，铜器，石器，书法、绘画，钱币，牙骨角器，古籍图书，文件、宣传品，档案文书，名人遗物，标本、化石进行展示。以深入挖掘和保护文化遗产，展现百年学府之历史遗产和文化特色，弘扬求是创新之精神和传统，为学校加快建设世界一流大学提供精神支撑和文化动力。

目录

玉器 / 1
瓷器 / 2
铜器 / 8
石器 / 14
书法、绘画 / 19
钱币 / 34
牙骨角器 / 40
古籍图书 / 42
文件、宣传品 / 106
档案文书 / 120
名人遗物 / 140
标本、化石 / 145
附录 / 202
后记 / 211

名称：战国—汉谷纹玉璧

年代：战国至汉代

尺寸：直径 7.70 厘米，内径 3.20 厘米，厚 0.70 厘米

描述：扁平圆形，青玉质，淡黄色，通体有光泽，两面均饰谷纹。

名称：东晋青釉瓷鸡首壶

年代：东晋

尺寸：通高 12.50 厘米，口径 7.30 厘米， 底径 7.40 厘米

描述：器物口沿为深盘口，微外侈，喇叭状细颈，斜肩，鼓腹，平底，圆形把手。鸡首高冠，双目圆凸，圆口。胎体厚重，通体施青中泛黄釉，有细小开片。

名称：唐白釉瓷盖罐

年代：唐

尺寸：通高 31.00 厘米，口径 7.00 厘米

描述：束颈，鼓腹，下腹渐收，平底。上置扁平盖，尖圆钮。胎白且细腻，满施白釉，色微泛黄。口沿缺损。

名称：宋龙泉窑青釉莲瓣纹瓷五管瓶

年代：宋

尺寸：通高 32.50 厘米，口径 8.00 厘米，底径 12.10 厘米

描述：五管瓶，又称多管瓶，是流行于宋代的一种瓶式，因瓶肩部各面分布着直立的多棱形或圆形管而得名。

此五管瓶，瓷器盖刻莲瓣纹，以一动物为钮。器身直口，肩部刻有莲瓣纹，肩上周缘均匀地立有五管，管口呈齿状。腹部用单线刻划仰覆莲瓣纹，瓣上均填以篦纹。

胎色灰白，施纯正淡雅的淡青釉，开细冰裂纹开片，浑身除盖内，口沿，外底外均施釉，釉面包裹圈足。

名称：唐巩县窑白釉双龙柄瓷盘口壶

年代：唐

尺寸：通高 54.70 厘米，口径 4.40 厘米，底径 11.20 厘米

描述：此壶通体施青釉开细片，盘口，颈部饰有较浅的竹节纹，圆肩鼓腹，圈底平削，两侧双龙口紧衔盘口，龙身连接盘口与瓶肩，器型端庄稳重。

此类器物形成于隋代，盛行于唐代高宗、武周、中宗时期。由于烧造费用极高，至睿宗太极元年（712）明令禁止奢靡之风之后停止烧造。

名称：宋定窑白釉瓷碗
年代：宋
尺寸：高 4.00 厘米，口径 15.00 厘米
描述：碗敞口，圈足，通体施白釉。胎质细腻温润，呈现出象牙般的质感，给人以柔和悦目、温润恬静之美感。

名称：宋耀州窑青釉刻花瓷碗
年代：宋
尺寸：高 4.00 厘米，口径 17.60 厘米
描述：花葵口，圈足，里外通体施青釉。碗内刻花，刻花精细，花纹清晰，画面生动活泼。

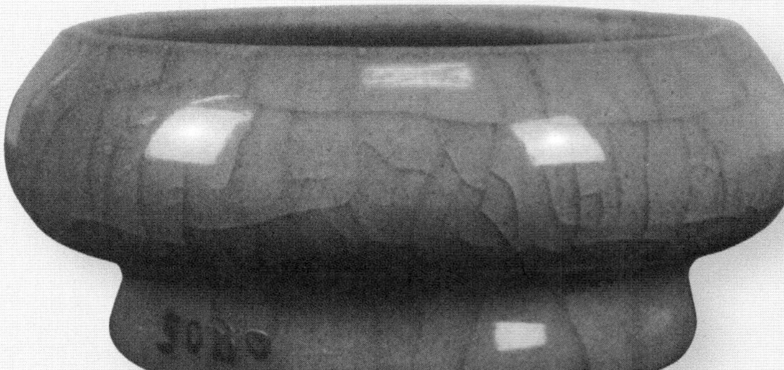

名称：南宋龙泉窑青釉瓷水盂

年代：南宋

尺寸：通宽 10.00 厘米，口径 7.00 厘米， 底径 6.30 厘米

描述：此水盂为当时文人书房之必备之物。敛口，圆腹，圈足。通体施青釉，胎质坚硬致密，釉面莹润。器身布满开片，造型优美别致。

名称：宋余姚窑青白瓷粉盒（盒底）

年代：宋

尺寸：最大径 13.30 厘米，底径 7.50 厘米，口径 12.00 厘米，高 13.10 厘米

描述：为瓷粉盒盒底，浅腹，平底，通体施釉，呈青白色，釉面莹润柔和，器身外部刻画有 s 纹。整体造型实用大方，富有艺术美感。

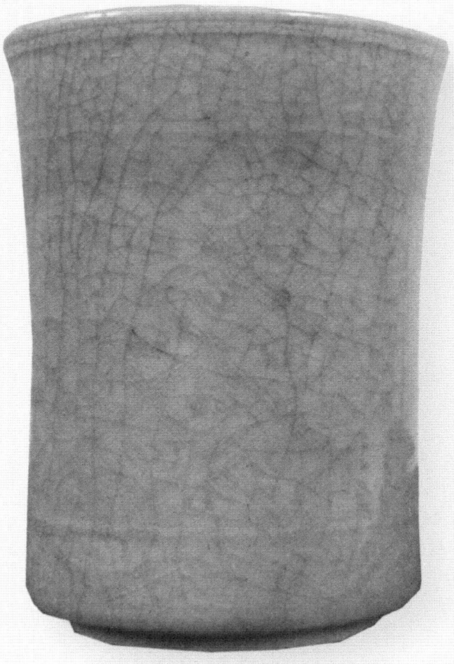

名称：明龙泉窑青釉刻花瓷笔筒
年代：明
尺寸：通高 15.00 厘米，口径 11.30 厘米，底径 7.50 厘米
描述：侈口，口部饰以两条弦纹，直腹，矮圈足。通体饰以斜方格弦纹。釉色呈青白色，开片细密有致。

名称：清景德镇窑蓝釉描金瓷六角瓶
年代：清
尺寸：通高 39.00 厘米，口径 16.00 厘米 ×11.80 厘米，底径 16.00 厘米 ×11.80 厘米
描述：六方口，斜肩延至腹部，颈部饰以四道弦纹，饰对称贯耳。腹部呈六棱，下折渐收，圈足。

胎质坚实，器身施祭蓝釉，釉色均匀，釉面光滑透亮，器身绘描金人物图案，图案现已模糊。

名称：周带盖铜鼎
年代：周
尺寸：通高 16.50 厘米，口径 14.00 厘米
描述：铜鼎两侧有一对附耳，腹部稍鼓，中部有凸弦纹一道，圆腹圜底，蹄形足，上有覆钵形盖，盖顶有三环钮。

名称：汉四神纹铜镜
年代：汉
尺寸：直径 8.50 厘米
描述：圆形，镜背中间半球状纽，钮座外是一个双线的方框。镜缘内边与方框间，有青龙、白虎、朱雀、玄武四神兽纹居其间。镜背绿锈浅铺，纹饰虽有腐蚀，线条依稀可见。

名称：汉龙纹铜镜
年代：汉
尺寸：直径 8.00 厘米，厚 0.80 厘米
描述：圆形，中间有一钮，钮周围饰有龙纹。整面铜镜器表饰有多道弦纹。

名称：宋仿唐瑞兽葡萄铜镜

年代：宋

尺寸：直径 9.30 厘米

描述：圆形，镜背中间半球状纽，以瑞兽纹和葡萄蔓枝纹为主要装饰纹饰，瑞兽姿态各异，在葡萄枝蔓间嬉戏，外区为神态各异的雀鸟和蜂蝶飞翔栖息于葡萄枝蔓之间。镜体厚重，锈色漂亮，纹饰精美。

名称：南宋石十五郎葵花形铜镜

年代：南宋

尺寸：直径 14.50 厘米，厚 0.60 厘米

描述：八边葵花形，素面无纹，圆形钮，刻有“湖州石十五郎　真炼铜照子”。

名称：明鎏金铜寿星

年代：明

尺寸：通长 12.60 厘米，通宽 6.60 厘米，通高 18.20 厘米

描述：此物由寿星及其坐骑组成。寿星光额高隆，丰耳下耷，垂眉拢眼，面容祥善，喜笑开颜。坐骑俯卧。整器造型生动精致，线条流畅柔和。

名称：清“石叟”款嵌银丝簋式铜香炉
年代：清
尺寸：通高 8.90 厘米，口径 11.60 厘米
描述：仿宋代瓷器形制，侈口，鼓腹，圈足，器腹对称饰一对耳，器身嵌有银丝，整个形制古朴，体沉敦实，制作精良。

名称：民国仿商代父乙铜觯
年代：民国
尺寸：通高 10.70 厘米，口径 9.20 厘米
描述：此觚为民国仿商代的父乙觯。觯为圆形觚，纹饰精美，腹、圈足均饰兽面纹，腹中部饰有鸟纹，器身四周都有突出的扉棱。

名称：民国仿商代父乙铜爵
年代：民国
尺寸：通长 17.10 厘米，通高 21.70 厘米，口径 8.20 厘米
描述：此觚为民国仿商代的父乙爵。此爵两柱三足，长腹，器身饰以兽面纹，上有铭文“父乙”。

名称：旧石器时代中期山西襄汾丁村遗址砍砸器石核
年代：旧石器时代
出土地点：山西襄汾丁村遗址
尺寸：通长 13.90 厘米，通宽 6.90 厘米，通高 11.50 厘米
描述：旧石器时代的工具，形状不固定。将砾石或石核边缘打成厚刃，用以砍砸。

名称：旧石器时代早期周口店第一地点砍砸器
年代：旧石器时代
出土地点：周口店遗址
尺寸：通长 2.50 厘米，通宽 2.00 厘米，通高 1.40 厘米
描述：旧石器时代的工具，形状不固定。将砾石或石核边缘打成厚刃，用以砍砸。

名称：旧石器时代宁夏水洞沟三角形石片

年代：旧石器时代

出土地点：宁夏水洞沟遗址

尺寸：通长 5.30 厘米，通宽 3.00 厘米，通高 1.40 厘米

描述：旧石器时代的工具，呈三角形，刃部较利，用以切割。

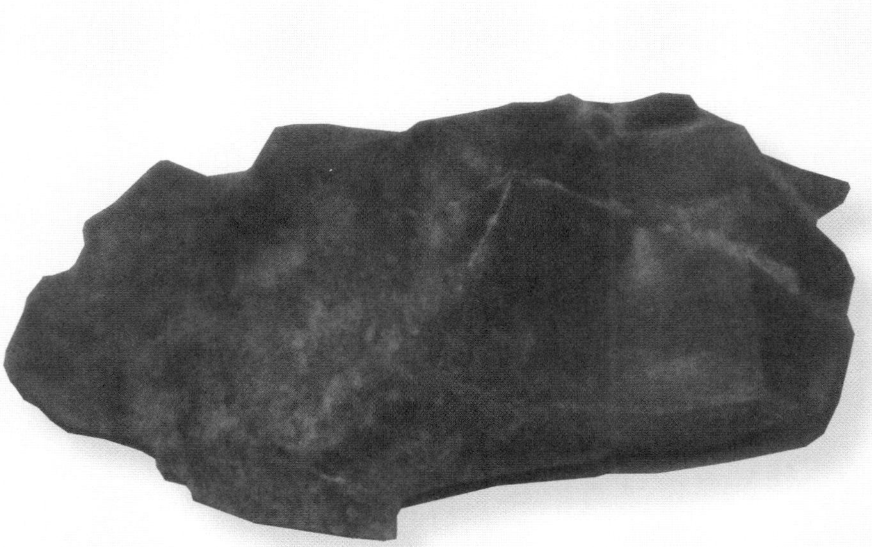

名称：旧石器时代晚期四川汉原富林县石片

年代：旧石器时代

出土地点：四川汉原富林县

尺寸：通长 2.90 厘米，通宽 2.10 厘米，通高 1.00 厘米

描述：旧石器时代的工具，刃部较利，用以切割。

名称：五代吴越吴汉月墓石刻头像

年代：五代吴越国

出土地点：杭州玉皇山下八卦田北面的施家山南麓吴汉月墓

尺寸：通长 19.20 厘米，通宽 11.50 厘米，通高 5.20 厘米

描述：该石刻头像出土于吴汉月墓，是浙江省重点文物保护单位。于 1958 年发掘，现保护完好。吴汉月 (912—952)，杭州人，中直指挥使吴珂之女，五代吴越国国王钱弘俶的生母。

名称：唐代佛头石像

年代：唐

尺寸：通长 31.50 厘米，通宽 20.00 厘米。

描述：佛头像肉髻低平，双眉高朗，双目闭合微扬，鼻梁挺出，丰颊小嘴。现仅存头像，佛身已失。

名称：明清石雕窗櫺
年代：明清
尺寸：直径 38.00 厘米，厚 1.30 厘米
描述：圆形镂空，器表刻划曲线纹及六瓣花纹。整体造型对称，富有韵律感。

名称："国立浙大"界石
年代：民国
尺寸：15.00 厘米 ×15.00 厘米 ×100.00 厘米

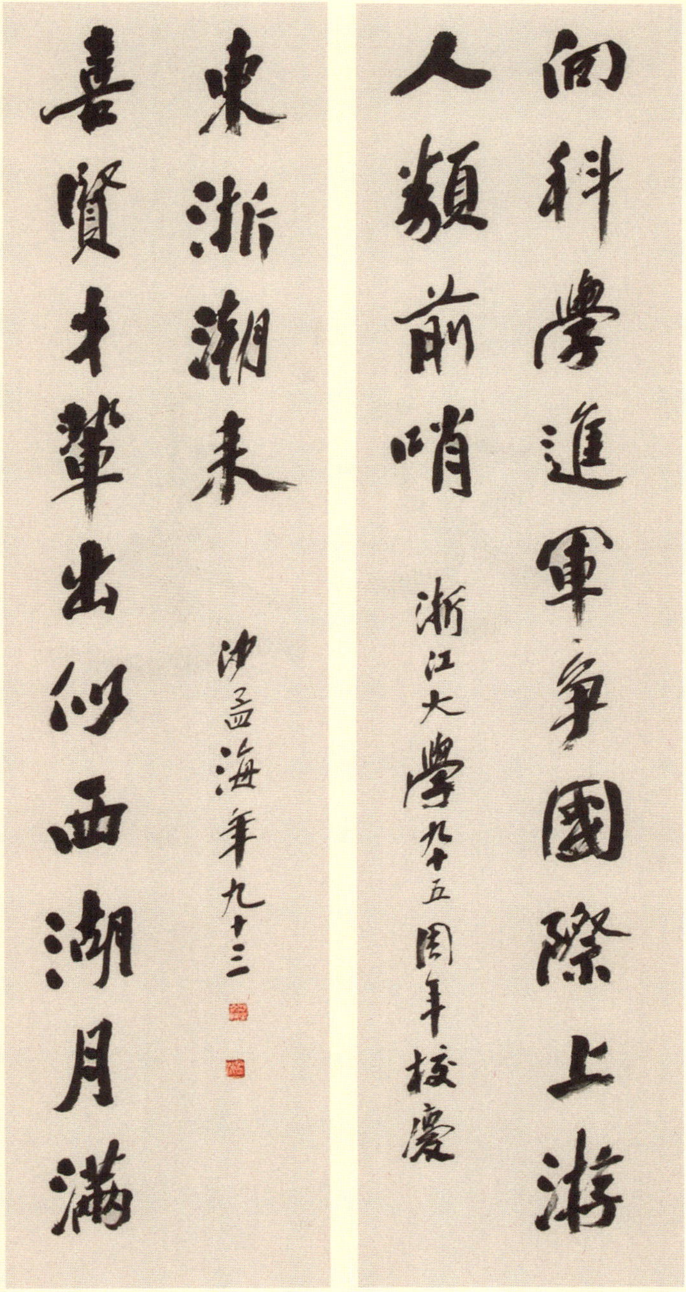

名称：沙孟海行十四言龙门对
年份：1992 年
尺寸：150.00 厘米 ×36.00 厘米

名称：刘海粟行书“求是园”镜片

年代：现代

尺寸：46.00 厘米 ×72.00 厘米

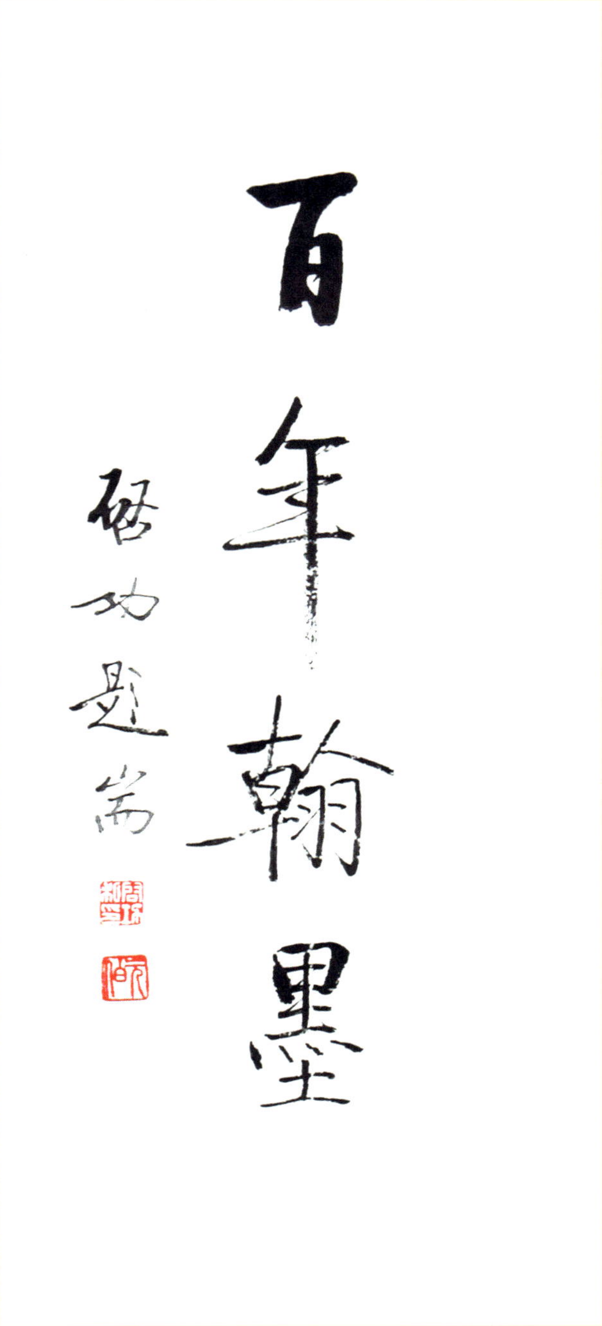

名称：启功行书『百年翰墨』镜片

年份：新中国成立后

尺寸：34.00 厘米 ×13.00 厘米

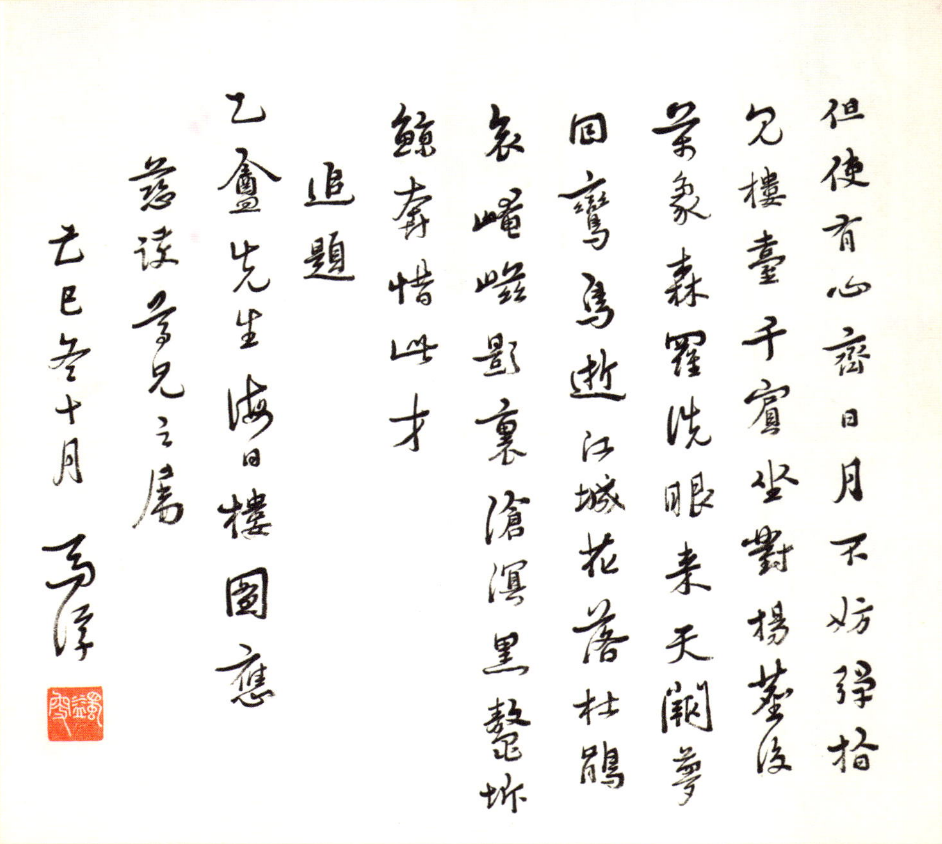

名称：马一浮行书『追题乙盦先生海日楼图』镜片
年份：1929年
尺寸：42.00厘米×41.00厘米

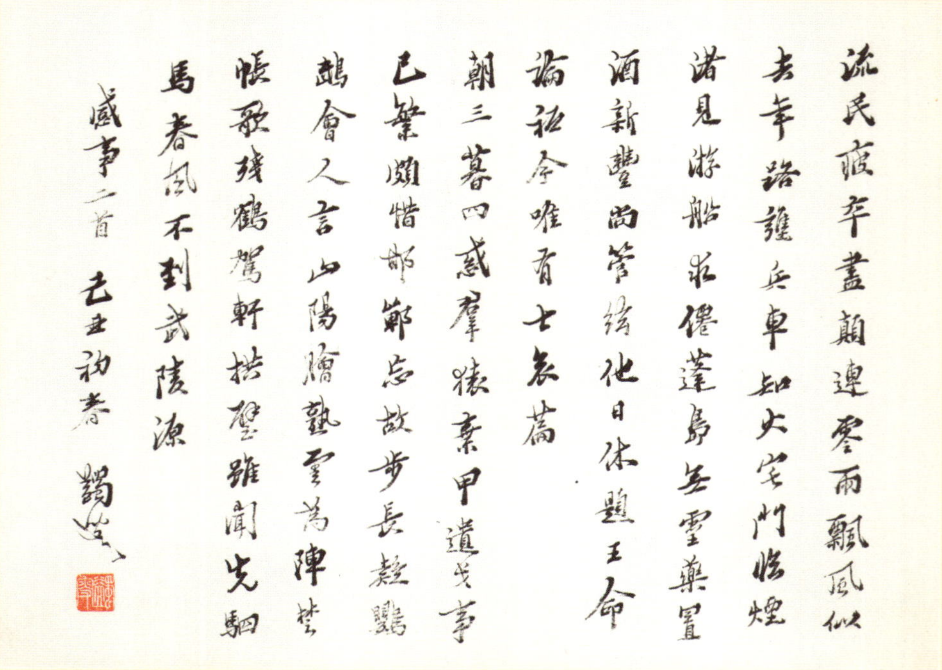

名称：马一浮行书『感事（二首）』镜片
年份：1949年
尺寸：41.00厘米×31.00厘米

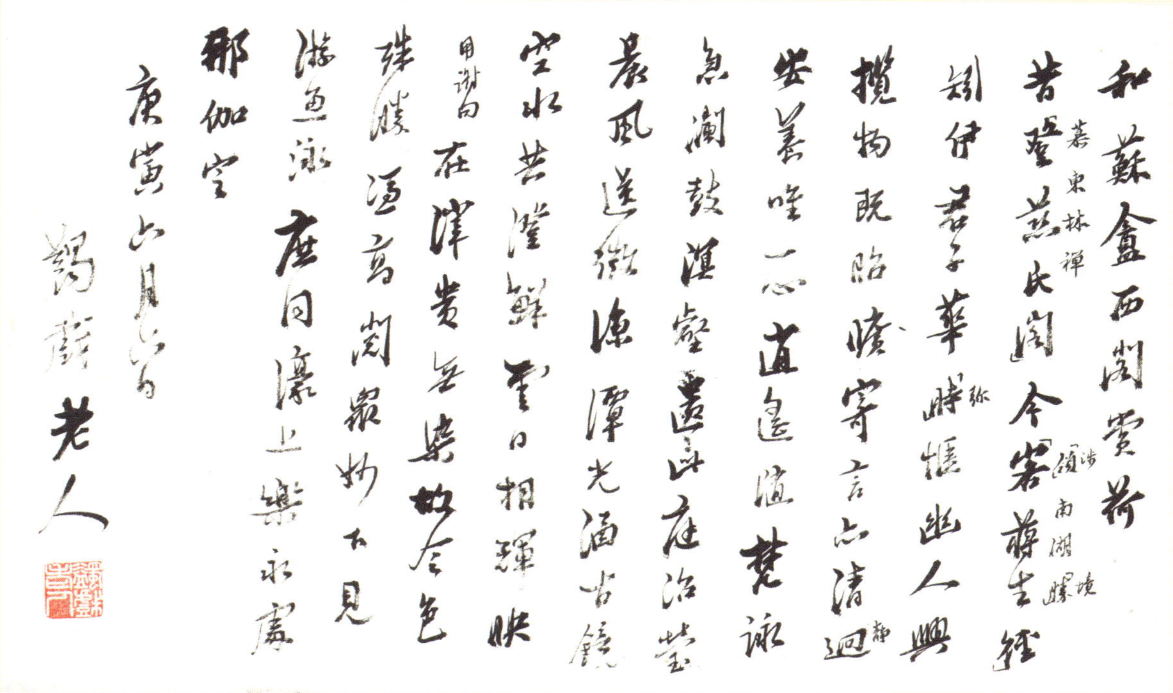

名称：马一浮行书『和苏盦西阁赏荷』镜片
年份：1950年
尺寸：53.00厘米 ×52.00厘米

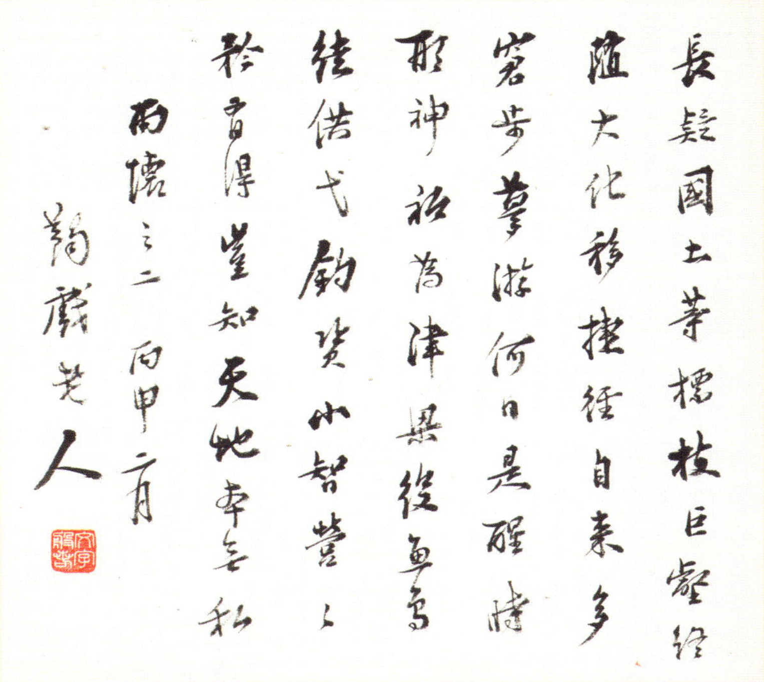

名称：马一浮行书『雨怀之二』镜片
年份：1956年
尺寸：37.00厘米 ×36.00厘米

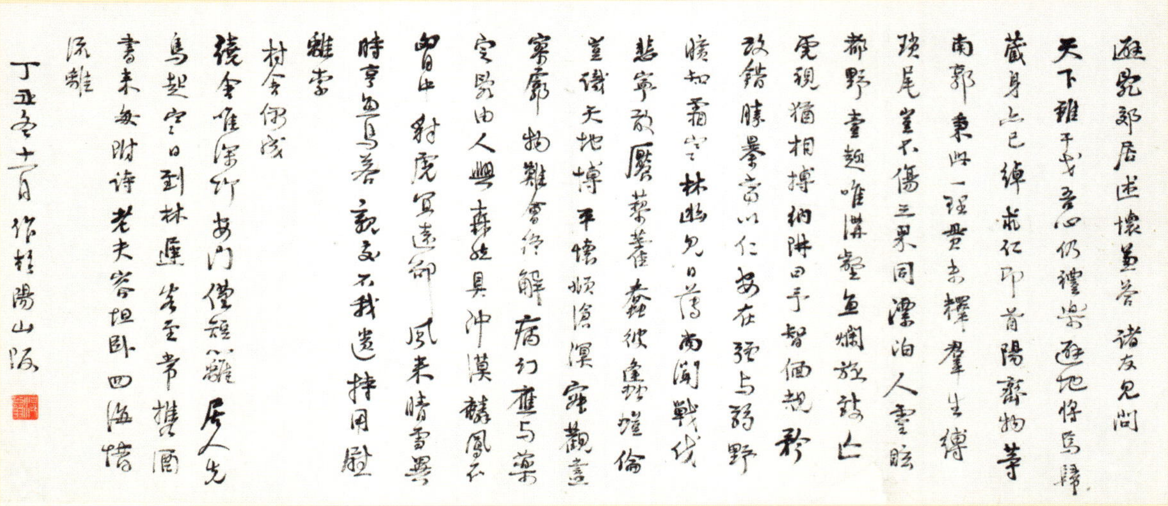

名称：马一浮行书《避乱郊居诗》镜片
年份：1937年
尺寸：56.00厘米×27.00厘米

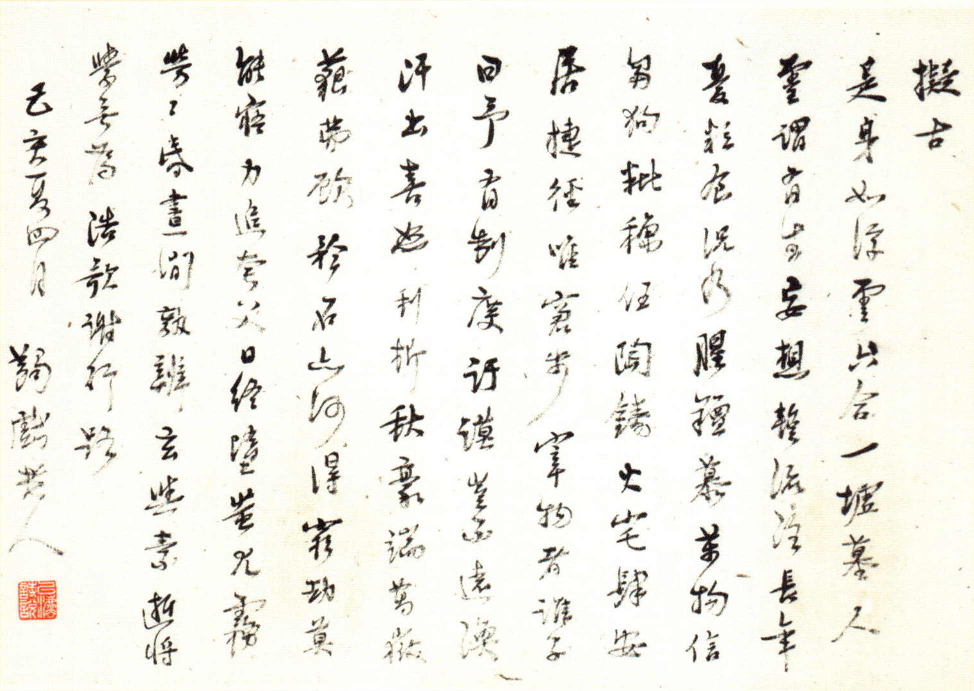

名称：马一浮行书《拟古》镜片
年份：1958年
尺寸：51.00厘米×36.00厘米

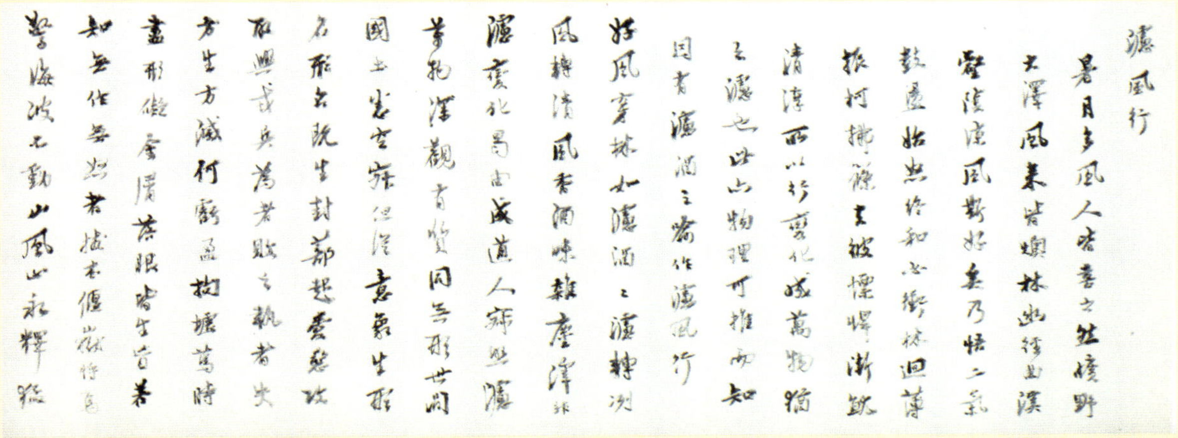

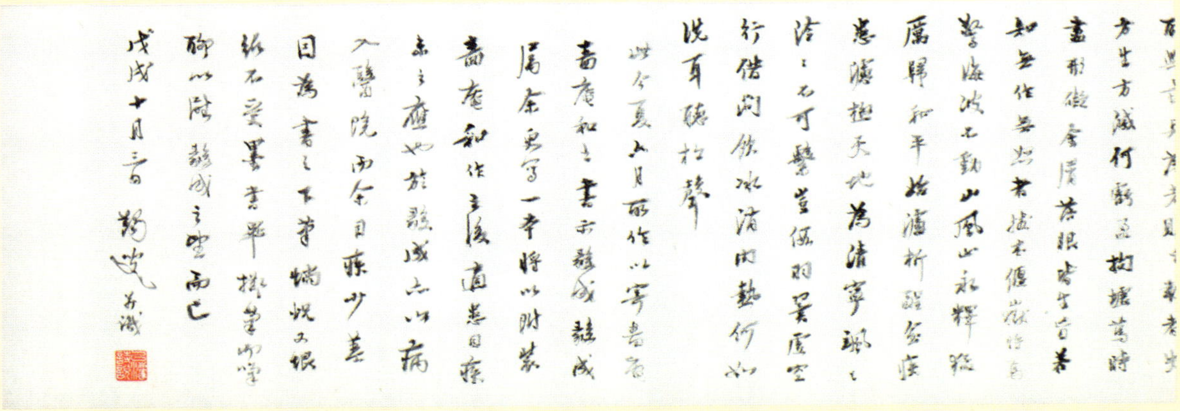

名称：马一浮行书『滤风行』手卷
年份：1958年
尺寸：133.00厘米×26.70厘米

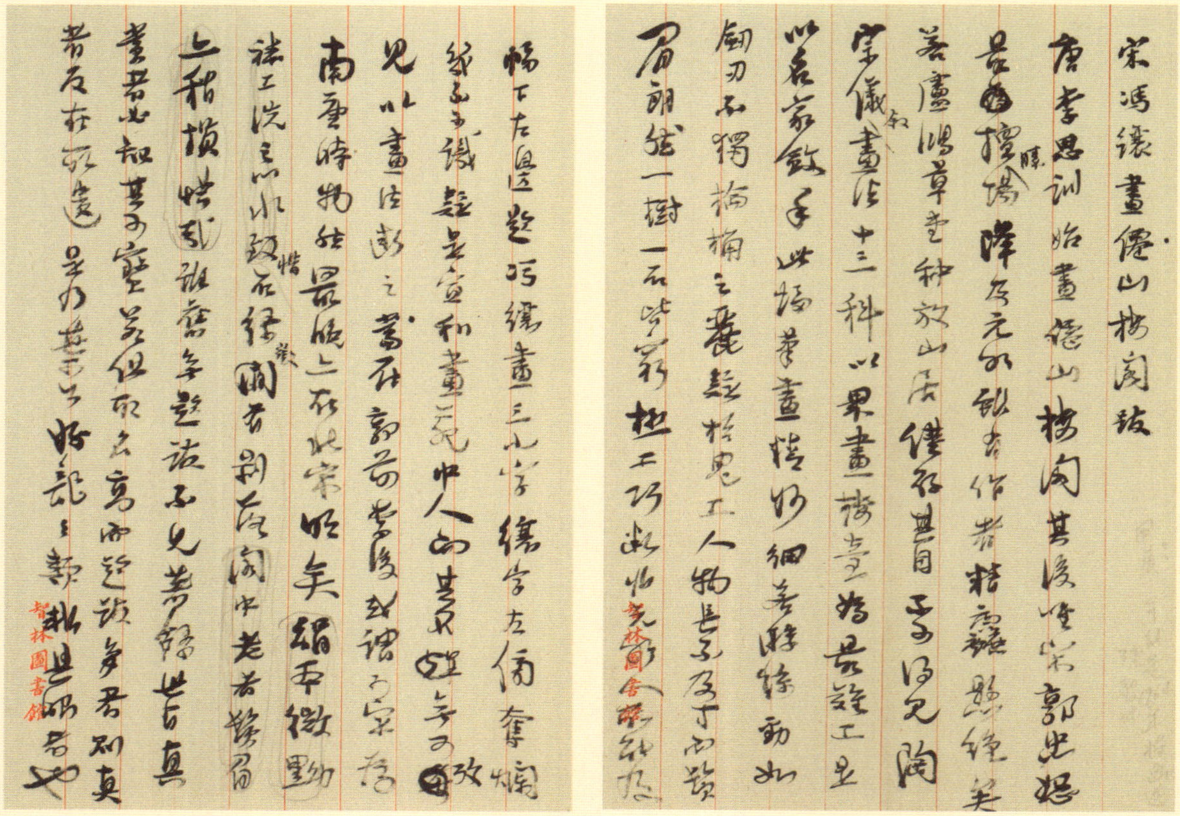

名称：马一浮行书『宋冯镶画仙山楼阁跋』镜片
年份：1964年
尺寸：20.10厘米×28.10厘米

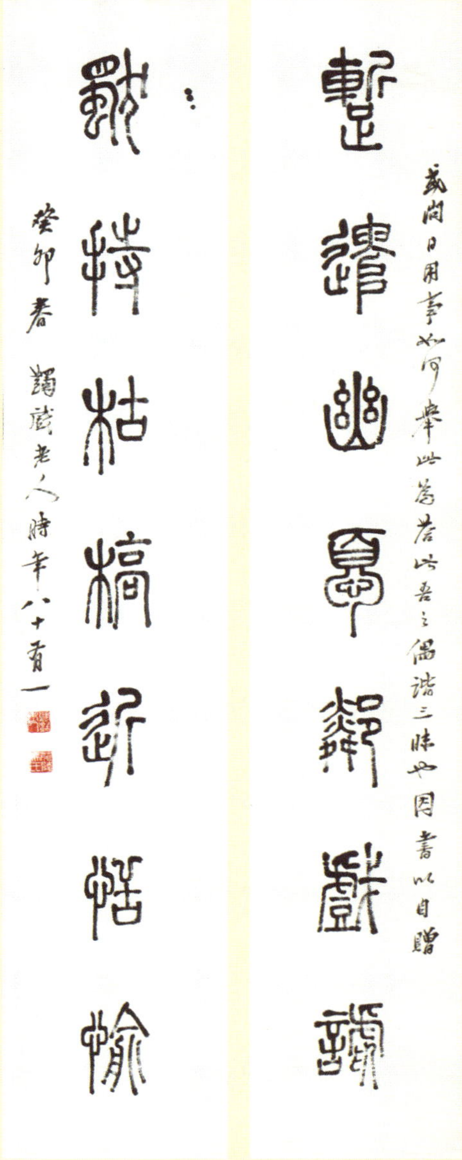

名称：马一浮篆书七言联
年份：1963年
尺寸：150.00厘米×28.00厘米×2.00厘米

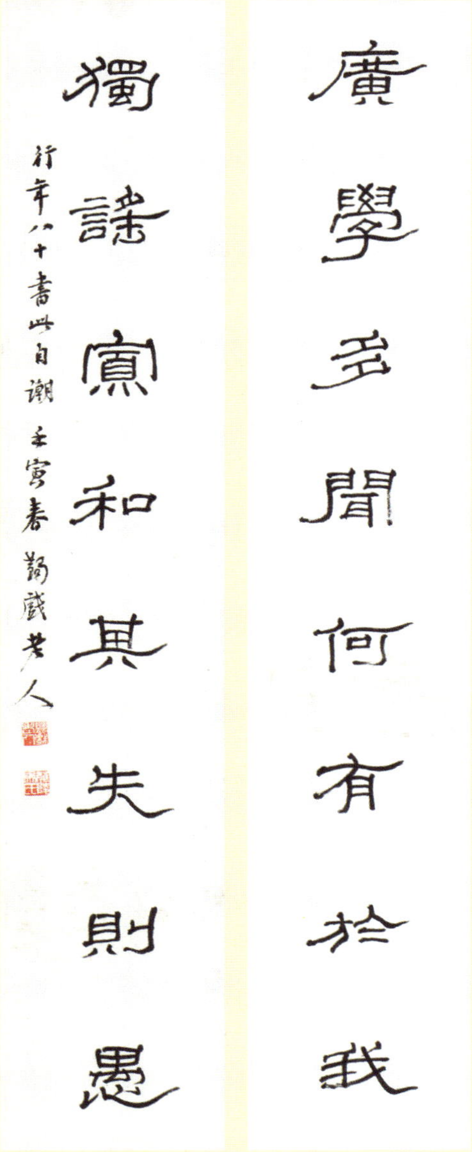

名称：马一浮隶书八言联
年份：1962年
尺寸：136.00厘米×24.00厘米

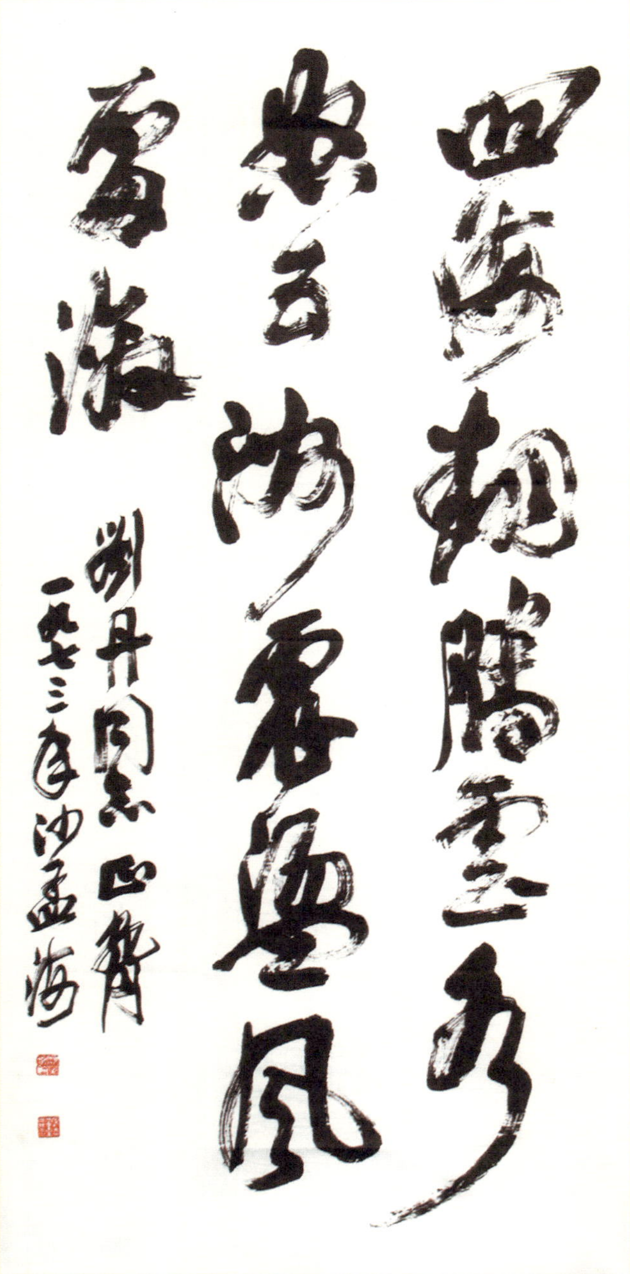

名称：沙孟海行书毛泽东满江红轴
年份：1973年
尺寸：137.00厘米×69.00厘米

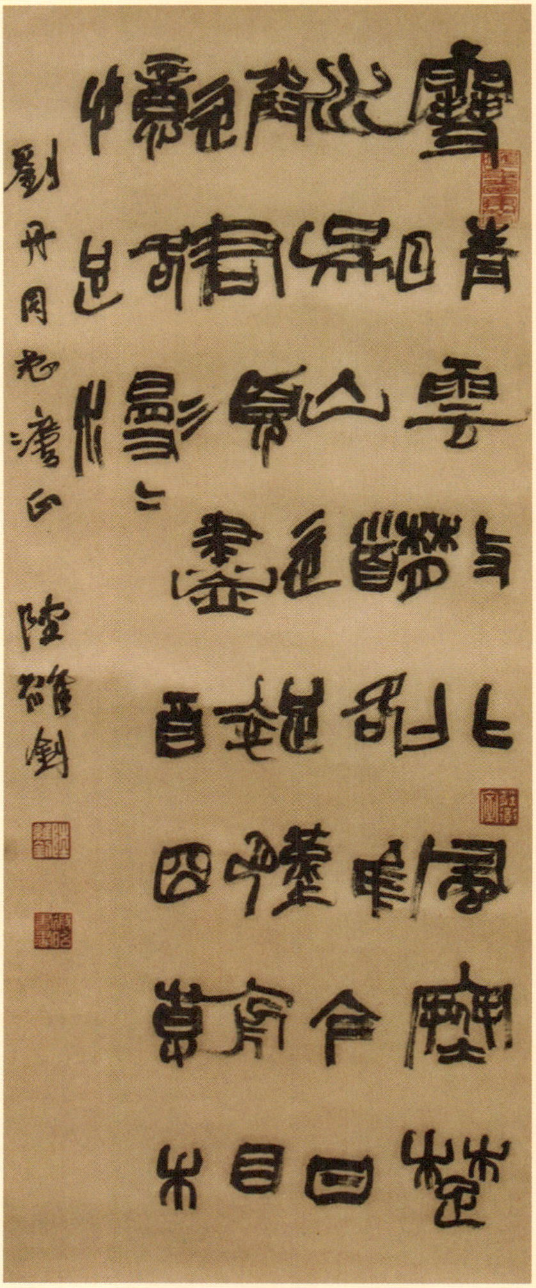

名称：陆维钊篆书轴
年代：现代
尺寸：82.00厘米×33.00厘米

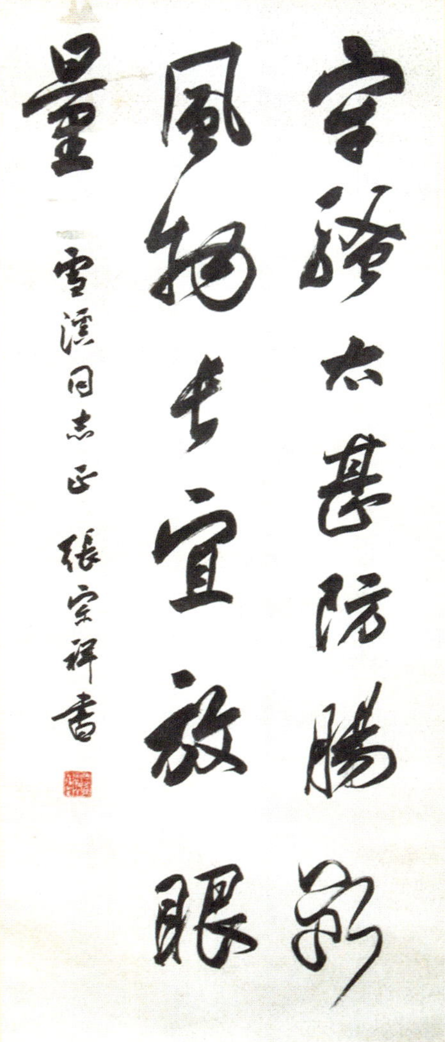

名称：张宗祥行书毛泽东诗轴
年代：现代
尺寸：104.00 厘米 ×43.00 厘米

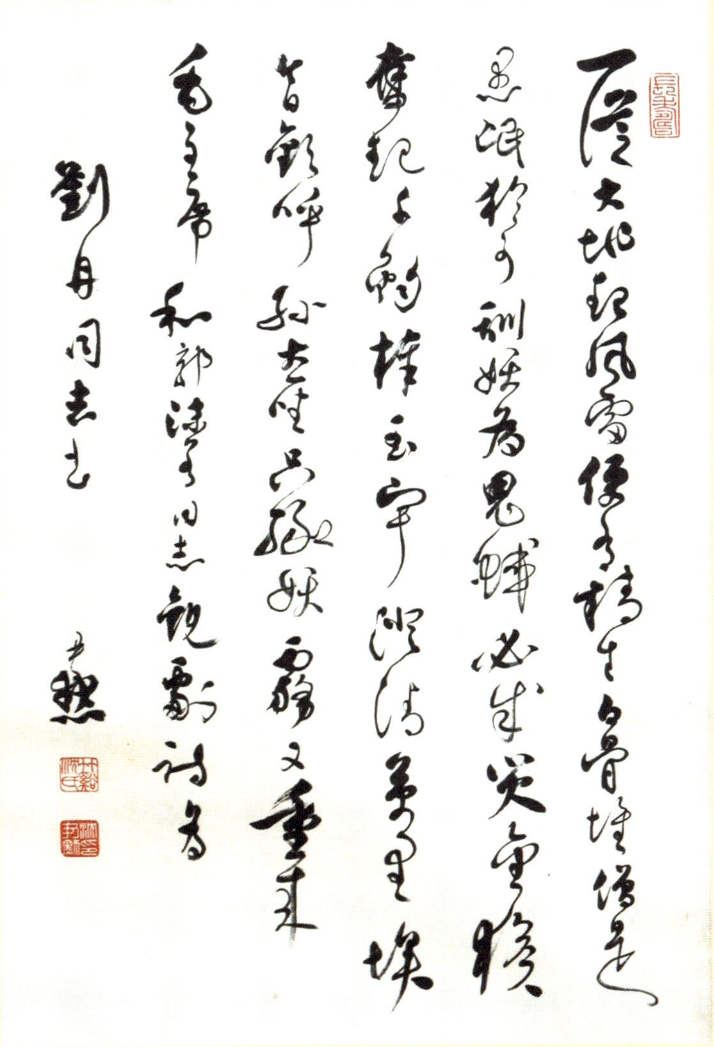

名称：沈尹默草书毛泽东诗轴
年代：现代
尺寸：68.00 厘米 ×45.00 厘米

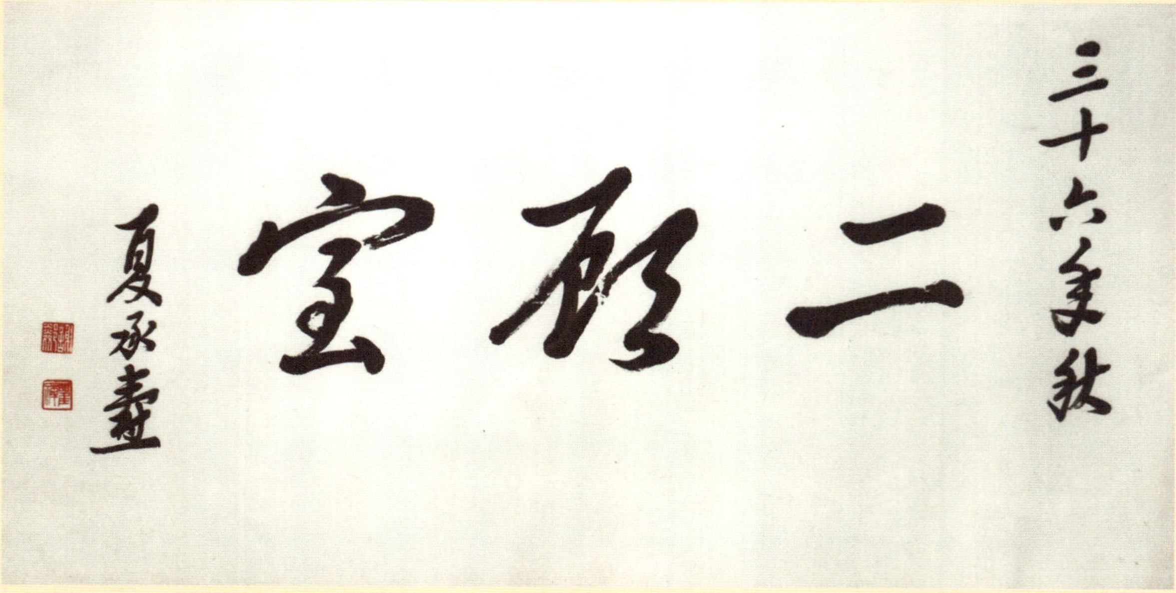

名称：民国三十六年夏承焘题二顾室
年份：1947 年
尺寸：104.00 厘米 ×52.00 厘米
描述：夏承焘（1900—1986），字瞿禅，晚年改字瞿髯，别号谢邻、梦栩生，室名月轮楼、天风阁、玉邻堂、朝阳楼。浙江温州人，毕生致力于词学研究和教学，是现代词学的开拓者和奠基人。

名称：常书鸿、李承仙“临抚敦煌北魏飞天四身”镜片
年代：现代
尺寸：117.00 厘米 ×241.00 厘米

名称：陆俨少墨荷图轴

年份：1986 年

尺寸：83.00 厘米 ×53.00 厘米

名称：陆抑非《古桂落天香》

年份：1992 年

尺寸：260.00 厘米 ×136.00 厘米

名称：民国何枬含梅图轴

年代：民国

尺寸： 80.40 厘米 ×38.10 厘米

名称：西汉新莽大泉五十铜钱
年代：西汉新莽时期
尺寸：直径 2.75 厘米，内径 0.96 厘米，厚 0.20 厘米
描述：方孔圆钱，钱体厚重，面背均有宽厚的内郭，字文深峻，钱文“大”字呈“燕翅形”，“泉”字中竖中断。

名称：西汉新莽货布铜布币
年代：西汉新莽时期
尺寸：通长 5.83 厘米，通宽 2.35 厘米，内径 0.69 厘米，厚 0.29 厘米
描述：钱体及穿均具能周郭，外郭锉磨整齐，面文“货布”二字分列左右，钱文书体为悬针篆，面饰直纹一道，修长细峻。铸工精致，是新莽货币中规整程度最高的一种。

名称：北周“永通万国”铜钱
年代：北周
尺寸：直径 2.92 厘米，内径 0.92 厘米，厚 0.15 厘米
描述：方孔圆钱，面文玉箸篆，顺读，面背肉好周郭，笔画浑厚。
历史特点：永通万国钱是“北周三泉”中最为精美的，但是是一当五株五万枚的虚值大钱，民不乐用，且在隋开皇时多被熔毁，因此传世不太多。

名称：北宋“崇宁通宝”铜钱
年代：北宋徽宗崇宁年间 (1102—1106)
尺寸：直径 3.47 厘米，内径 0.83 厘米，厚 0.22 厘米
描述：方孔圆钱，钱币穿郭匀称规整，铜色略深。钱文“崇宁通宝”瘦金体，书法清秀骨瘦。背面无铭文。

名称：北宋“大观通宝”铜钱

年代：北宋徽宗大观年间（1107—1110）

尺寸：直径 4.12 厘米，内径 1.14 厘米，厚 0.30 厘米

描述：方孔圆钱，钱币穿郭匀称规整，铜色略深。钱文“大观通宝”瘦金体，字体纤秀，气韵贯通。背面无铭文。

名称：元“至正通宝”铜钱

年代：元

尺寸：直径 4.46 厘米，内径 1.28 厘米，厚 0.32 厘米

描述：方孔圆钱，面文汉字楷书，顺读。背穿上有八思巴文。

名称：明“洪武通宝”铜钱

年代：明

尺寸：直径 3.34 厘米，内径 0.88 厘米，厚 0.23 厘米

描述：方孔圆钱，面文汉字楷书，顺读。背穿右直列“二钱”。

名称：清“咸丰重宝”当十铜钱

年代：清

尺寸：直径3.29厘米，内径0.87厘米，厚0.26厘米。

描述：清咸丰三年（1853），为解决鸦片战争后严重的财政亏空，应付镇压太平天国起义所需的巨额军饷开支，清政府铸行大钱。当十大钱最先铸造，继而还铸当五十、当百和当百以上大钱。方孔圆钱，背面“当十”铭文。

名称：清镂空双龙纹厌胜铜钱

年代：清

尺寸：直径6.20厘米，内径1.13厘米，厚0.27厘米

描述：钱体硕大，镂空，刻有双龙纹。整体造型古朴。

镂空龙纹厌胜钱是我国民间用以象征吉祥的物品，具有较高的艺术欣赏价值。

名称：民国三十四年浙东银行伍圆纸币
年代：1945 年
尺寸：长 13.90 厘米，宽 7.90 厘米

名称：新石器时代骨镞
年代：新石器时代
尺寸：长 9.10 厘米
描述：整个骨镞锋长而粗壮，两个锋端尖锐，铤部加工成斜面。

名称：新石器时代河姆渡文化骨耜
年代：新石器时代
尺寸：长 16.00 厘米，宽 6.60 厘米，厚 0.60 厘米
描述：柄部厚而窄，刃部薄而宽，上凿有一穿孔。

名称：商骨贝币
年代：商
尺寸：长 2.50 厘米，宽 2.17 厘米，厚 0.79 厘米
描述：经过加工的天然贝币形体一面有槽齿，背面磨平，钻有两个穿孔。

名称：商贝币
年代：商
尺寸：整体通长 12.62 厘米，通宽 5.75 厘米，厚 0.81 厘米
描述：经过加工的天然贝币，形体一面有槽齿，背面磨平，钻有穿孔。此器物由八个贝币串联而成，另有两币之质地不详。

资治通鉴纲目五十九卷　（宋）朱熹撰　宋刻本

框高二十二厘米，宽十六·三厘米，半叶八行十五字，小字双行二十二字，白口，左右双边，有刻工。存一卷（卷四十五）。有『戊戌人』『涤盦藏书之印』『袁一诚印』『袁绍良印』『大公无私』『康生』等印。袁涤庵先生遗书，由袁氏家族后人捐赠浙江大学。

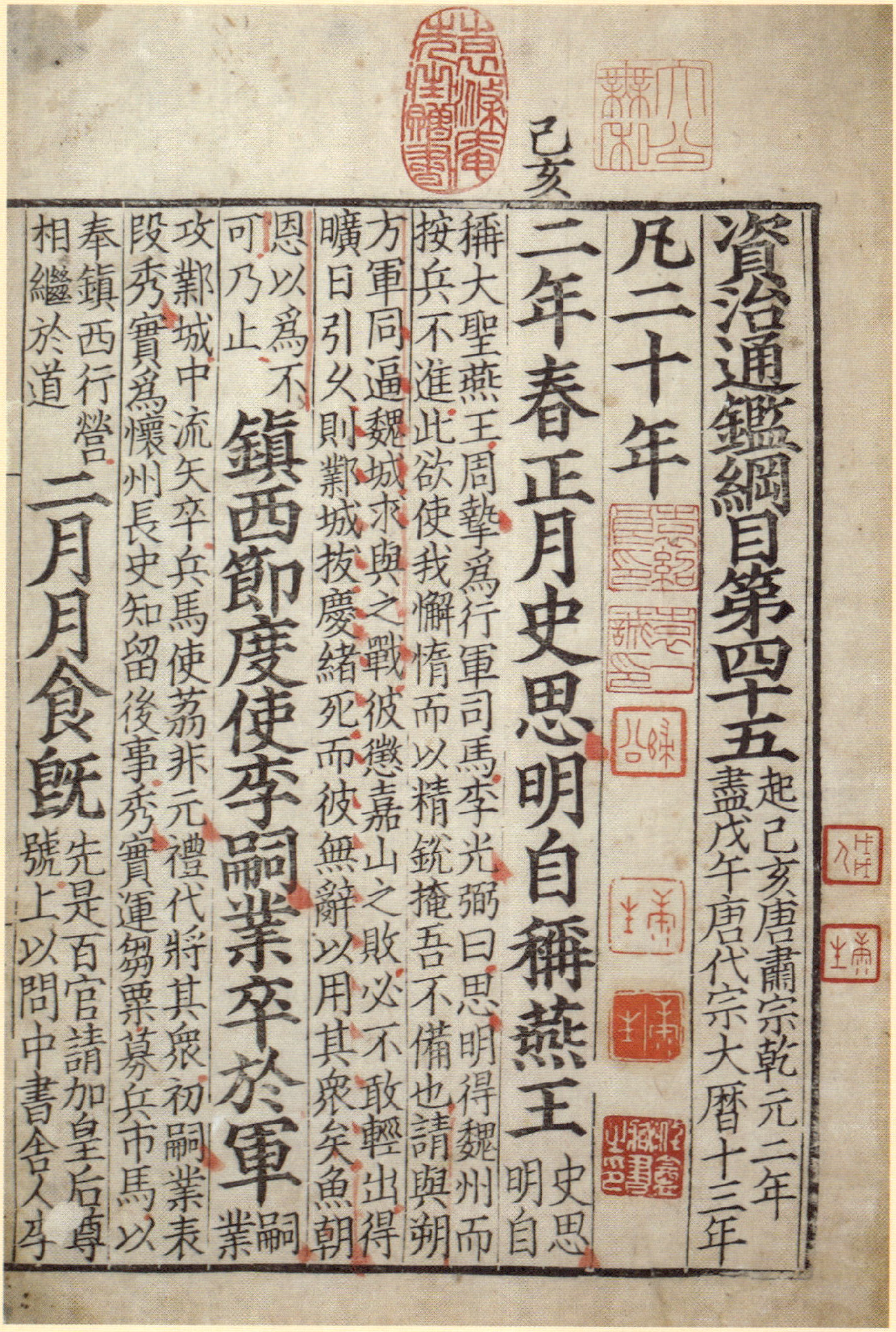

資治通鑑綱目第四十五 起己亥唐肅宗乾元二年盡戊午唐代宗大暦十三年

凡二十年

己亥 二年春正月史思明自稱燕王 史思明自稱大聖燕王周摯爲行軍司馬李光弼曰思明得魏州而按兵不進此欲使我懈惰而以精鋭掩吾不備也請與朔方軍同逼魏城求與之戰彼懲嘉山之敗必不敢輕出得曠日引久則鄴城拔慶緒死而彼無辭以用其衆矣魚朝恩以爲不可乃止

鎮西節度使李嗣業卒於軍 嗣業攻鄴城中流矢卒兵馬使荔非元禮代將其衆初嗣業表段秀實爲懷州長史知留後事秀實運芻粟募兵市馬以奉鎮西行營相繼於道

二月月食既 先是百官請加皇后尊號上以問中書舍人李

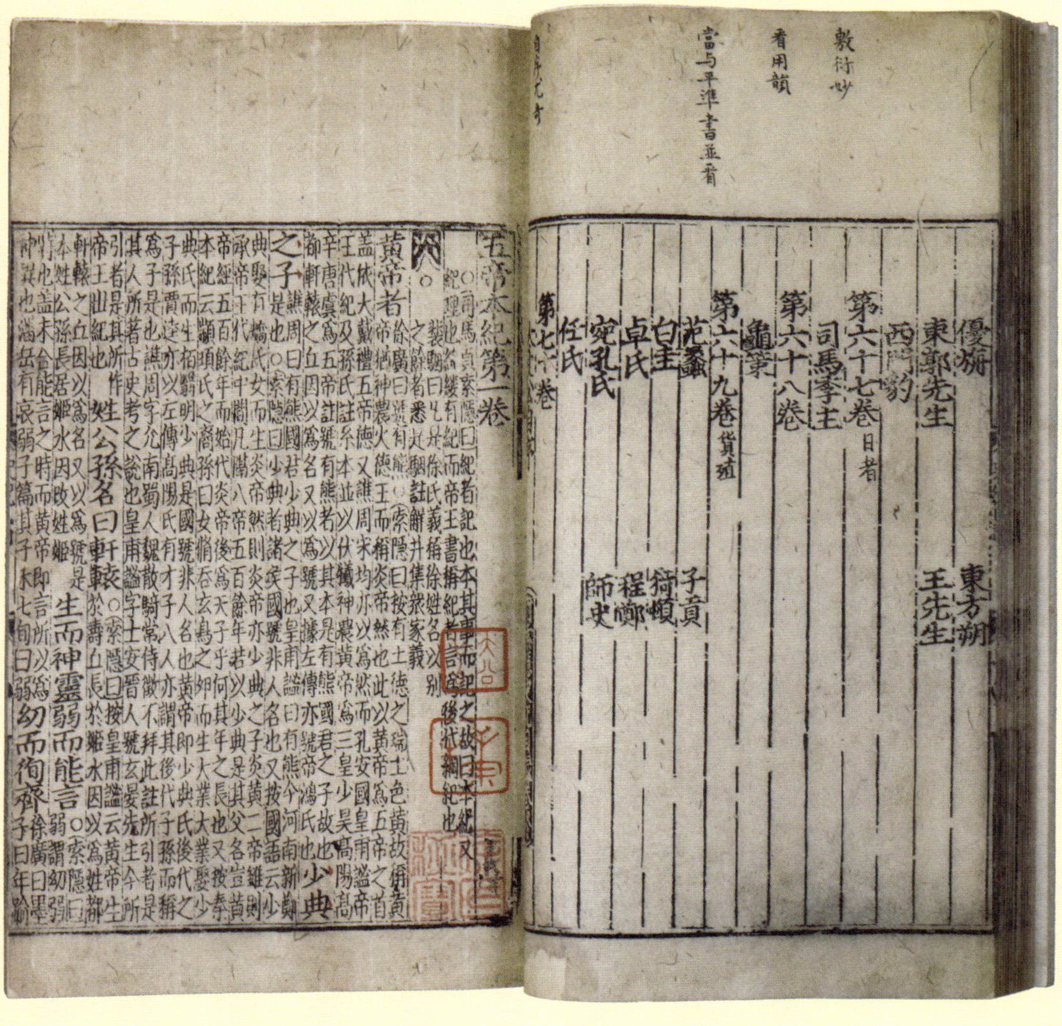

史记一百三十卷　（汉）司马迁撰　（南朝宋）裴骃集解，（唐）司马贞索隐　蒙古中统二年（一二六一）段子成刻明修本　清杨绍和批并跋

框高二十·一厘米，宽十四·一厘米，半叶十四行二十四至二十五字，小字双行同，黑口，双黑鱼尾，四周双边。有『彦合主人』『聊城杨氏所藏』『杨绍和审定』『徐室秘室』『大公无私』『康生』等印。袁涤庵先生遗书，由袁氏家族后人捐赠给浙江大学。

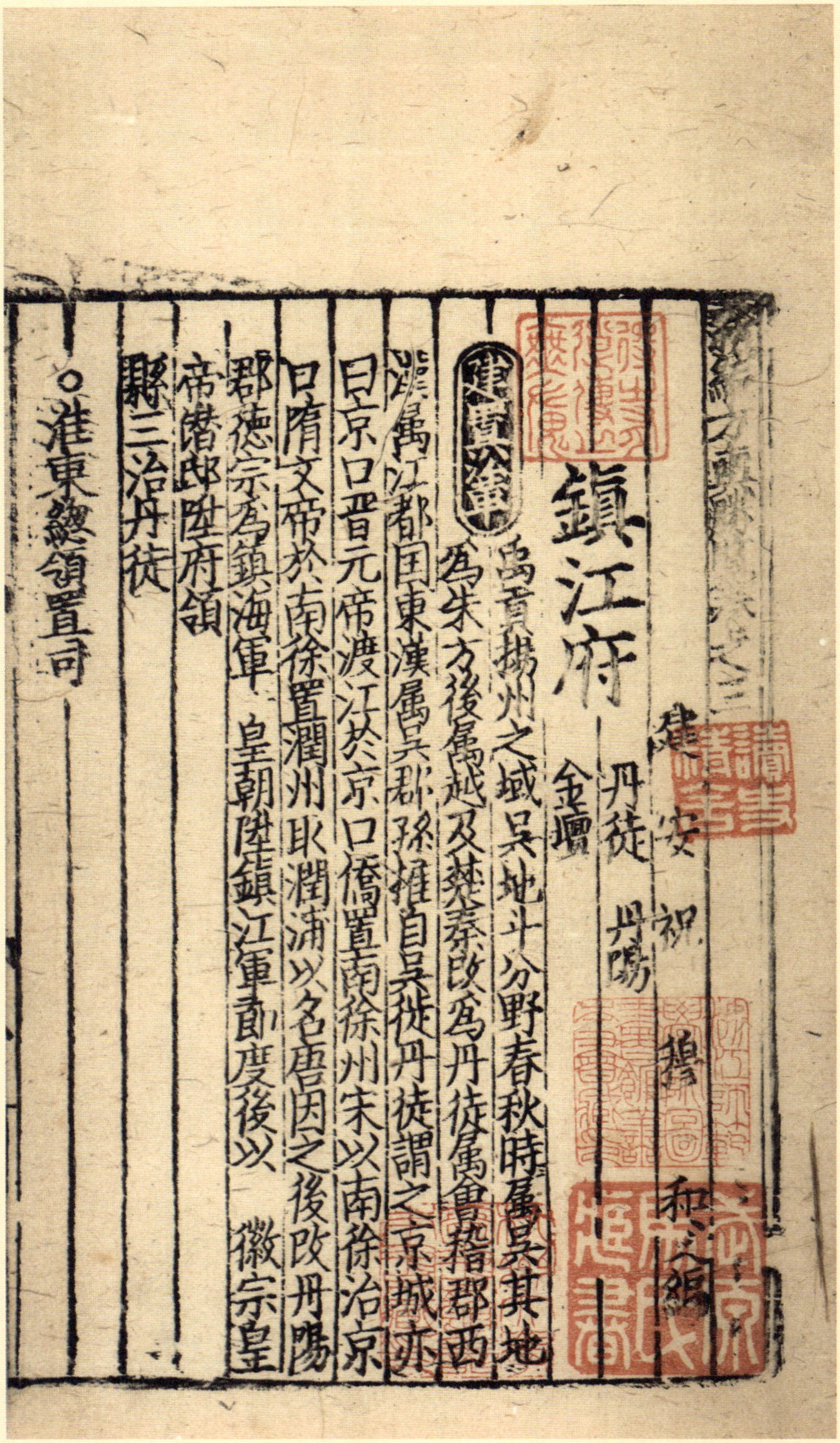
鎮江府　建安　祝　穆　和父　編
丹徒　丹陽　金壇
建置沿革　禹貢揚州之域吳地斗分野春秋時屬吳其地
為朱方後屬越及楚秦改為丹徒屬會稽郡西
漢屬江都國東漢屬吳郡孫權自吳徙丹徒謂之京城亦
曰京口晉元帝渡江於京口僑置南徐州宋以南徐治京
口隋文帝於南徐置潤州取潤浦以名唐因之後改丹陽
郡德宗為鎮海軍　皇朝陞鎮江軍節度後以　徽宗皇
帝潛邸陞府領
縣三治丹徒
○淮東總領置司

新编方舆胜览七十卷　（宋）祝穆辑　元刻本

框高一七·四厘米，宽一一·七厘米，半叶十四行二十三字，细黑口，双黑鱼尾，左右双边。有『武原马氏藏书』『汉唐斋』『马玉堂』『笏斋』『读史精舍』『得之有道传之无愧』『瑞安孙仲容珍藏书画文籍印』等藏印。

国家珍贵古籍名录编号：〇二八七二

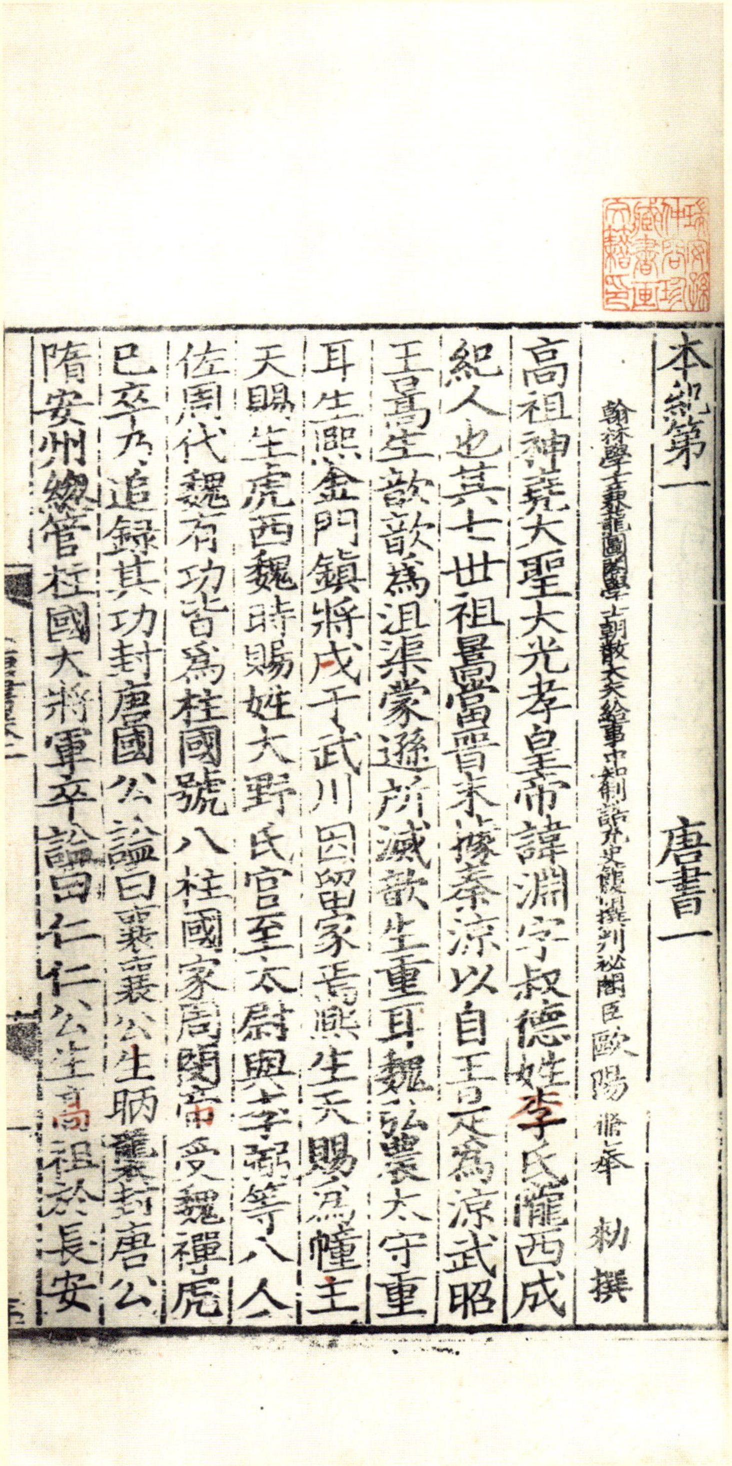

瑞安孫仲容珍藏書畫文籍印

本紀第一　唐書一

翰林學士兼龍圖閣學士朝散大夫給事中知制誥充史館修撰判秘閣臣歐陽脩奉勑撰

高祖神堯大聖大光孝皇帝諱淵字叔德姓李氏隴西成紀人也其七世祖暠當晉末據秦涼以自王是爲涼武昭王暠生歆歆爲沮渠蒙遜所滅歆生重耳魏弘農太守重耳生熙金門鎮將戍于武川因留家焉熙生天賜爲幢主天賜生虎西魏時賜姓大野氏官至太尉與李弼等八人佐周代魏有功皆爲柱國號八柱國家周閔帝受魏禪虎已卒乃追錄其功封唐國公謚曰襄襄公生昞襲封唐公隋安州總管柱國大將軍卒謚曰仁仁公生高祖於長安

唐书二百二十五卷　（宋）欧阳修　宋祁等撰　释音二十五卷　（宋）董冲撰，元大德九年（一三〇五）建康路儒学刻明成化弘治嘉靖南京国子监递修本

框高二十二·三厘米，宽一十五·九厘米，半叶十行二十二字，白口，双黑鱼尾，四周双边或左右双边。有『瑞安孙仲容珍藏书画文籍印』。国家珍贵古籍名录编号：○二七六七

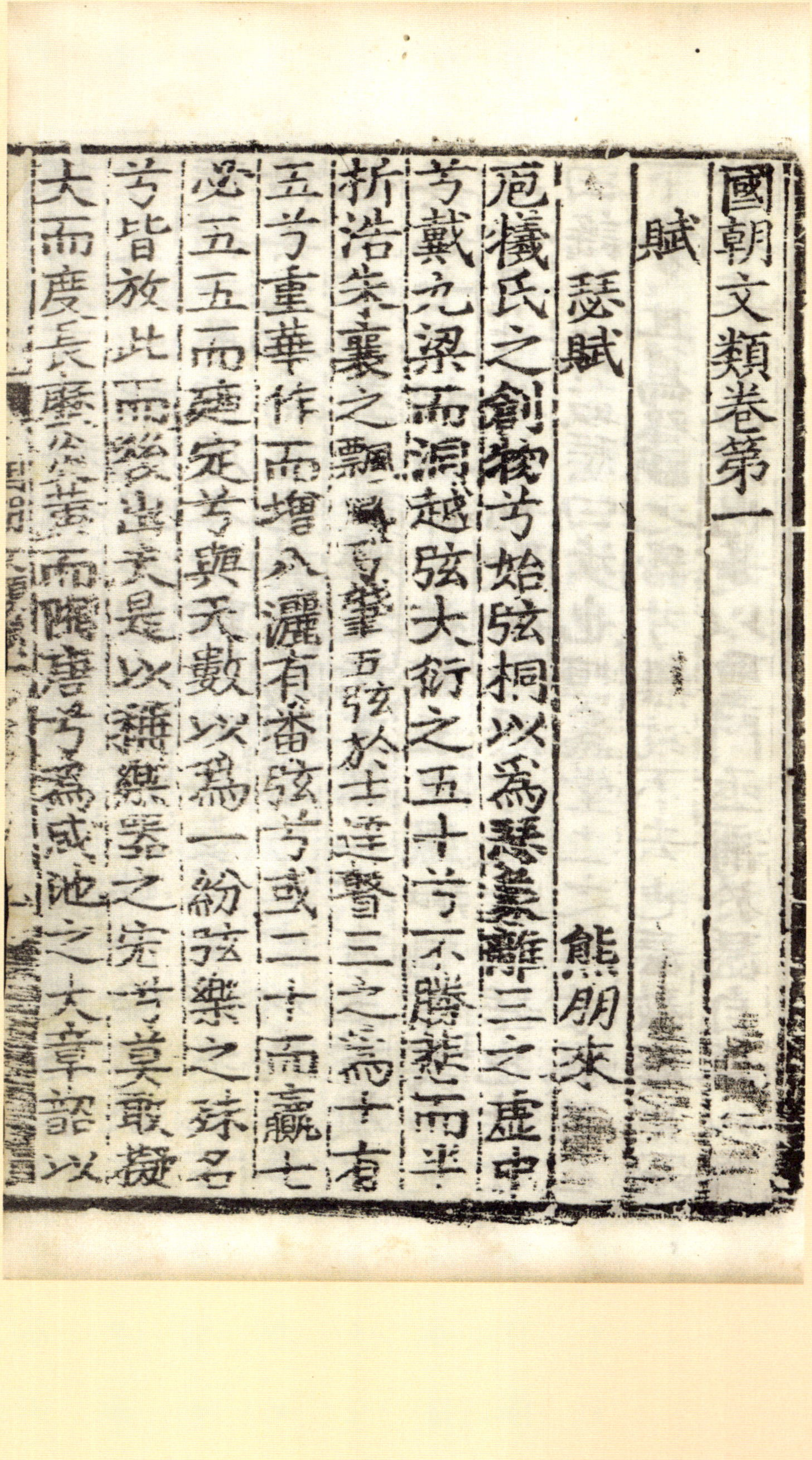
國朝文類卷第一
賦
琴賦　熊朋來
庖犧氏之創物兮始弦桐以爲琴纂離三之虛中
兮戴允梁而洞越弦大衍之五十兮不勝悲而半
析浩朱襄之飄風兮肇五弦於士達瞽三之爲十有
五兮重華作而增八灑有番弦兮或二十而贏七
必五五而廼定兮與天數以爲一紛弦樂之殊名
兮皆放此而發出夫是以雅樂器之宗兮莫敢擬
大而度長麗瓜笋黃而隋唐兮爲咸池之大章韶以

国朝文类七十卷目录三卷　（元）苏天爵辑　元至正年间西湖书院刻明修本
框高二十二厘米，宽十六・一厘米，半叶十行十九字，黑口，双黑鱼尾，左右双边。有『瑞安孙仲容珍藏书画文籍印』。
国家珍贵古籍名录编号：〇三一八五

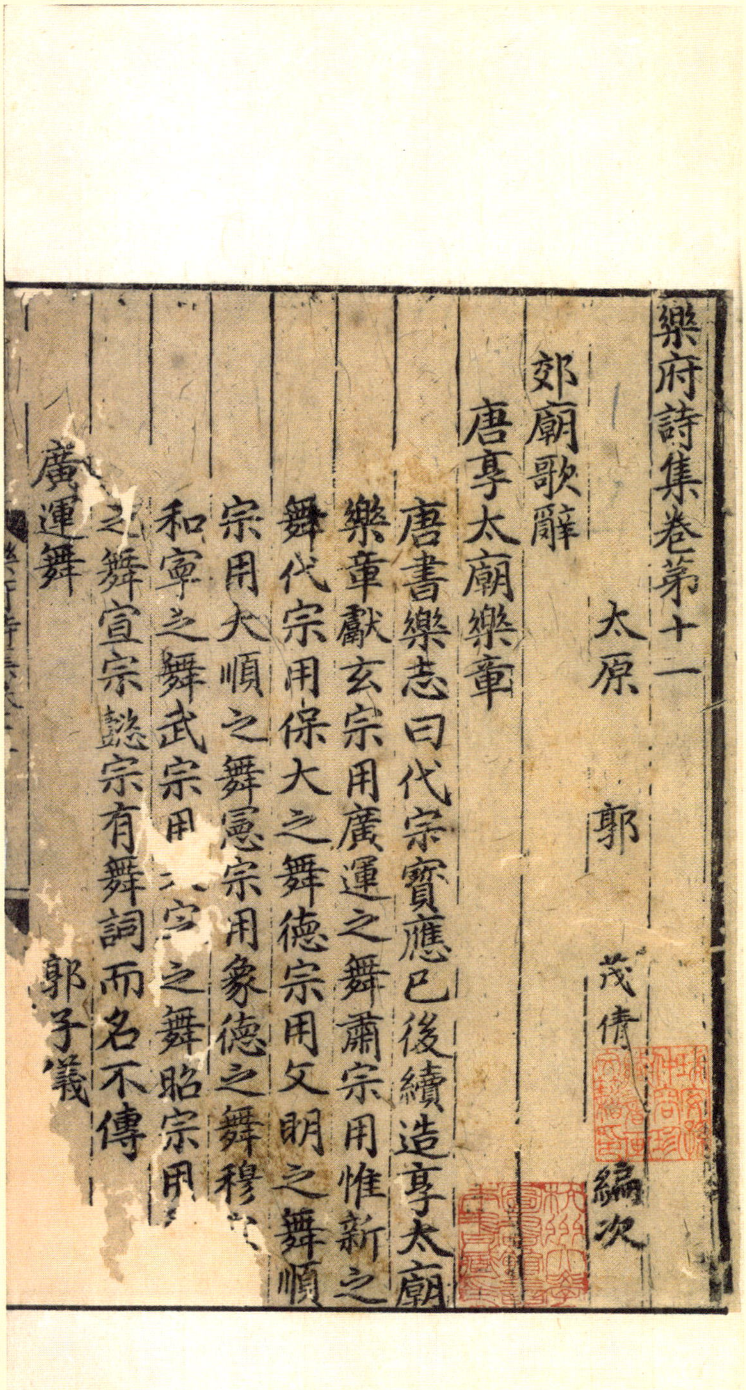
樂府詩集卷第十一　太原　郭　茂倩　編次

郊廟歌辭

唐享太廟樂章

唐書樂志曰代宗寶應已後續造享太廟樂章獻玄宗用廣運之舞肅宗用惟新之舞代宗用保大之舞德宗用文明之舞順宗用大順之舞憲宗用象德之舞穆[illegible]和寧之舞武宗用[illegible]之舞昭宗用[illegible]之舞宣宗懿宗有舞詞而名不傳

廣運舞　郭子儀

乐府诗集一百卷　（宋）郭茂倩辑　元至正元年（一三四一）集庆路儒学刻明修本

框高二十二·五厘米，宽十五·五厘米，半叶十一行二十字，小字双行同，细黑口，三黑鱼尾，左右双边，有刻工。有《瑞安孙仲容珍藏书画文籍印》。存九十卷（十一至一百）。

国家珍贵古籍名录编号：〇三一七四

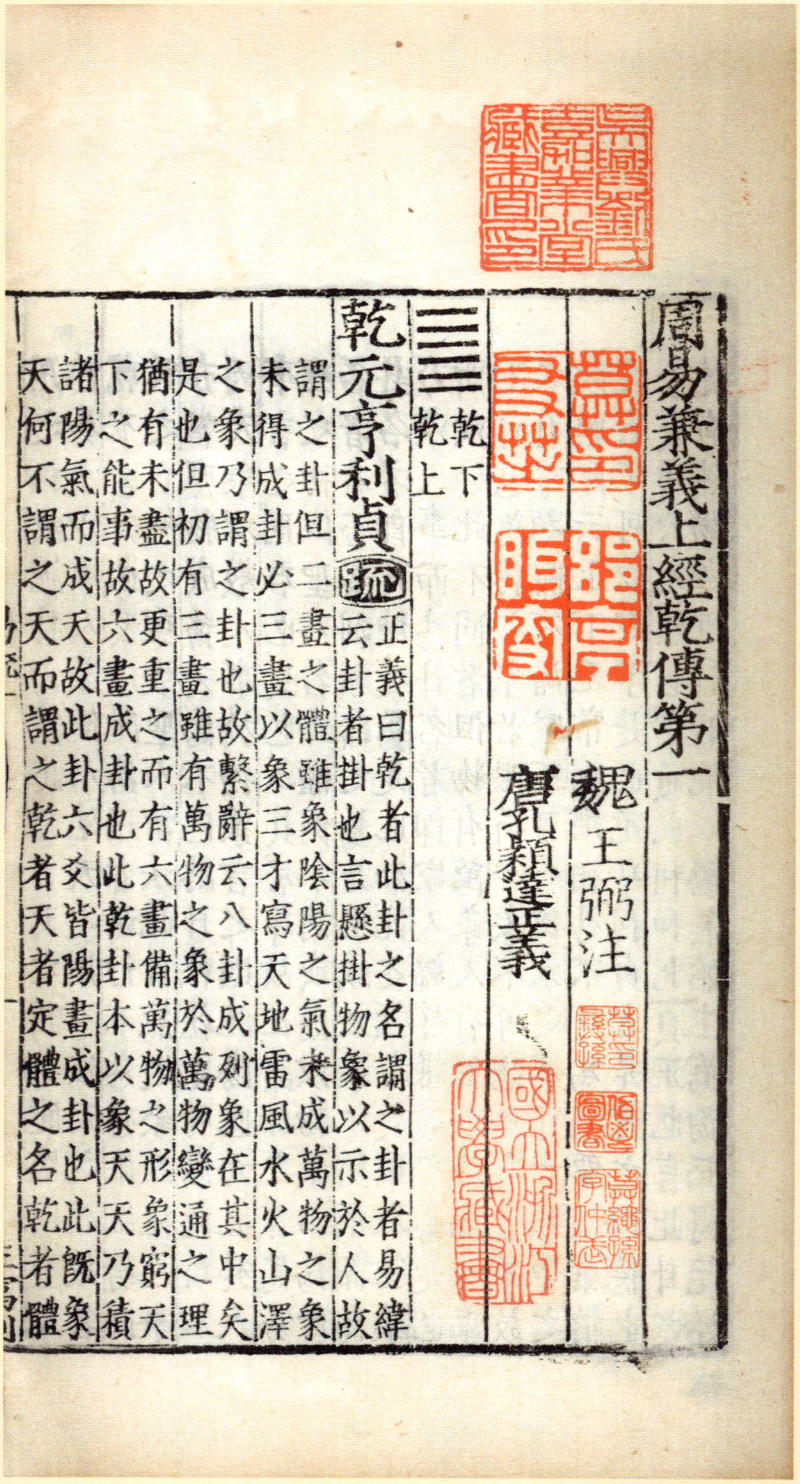
周易兼義上經乾傳第一
魏　王弼注
唐　孔穎達正義
☰☰　乾下　乾上
乾元亨利貞【疏】正義曰乾者此卦之名謂之卦者易緯云卦者掛也言懸掛物象以示於人故謂之卦但二畫之體雖象陰陽之氣未成萬物之象未得成卦必三畫以象三才寫天地雷風水火山澤之象乃謂之卦也故繫辭云八卦成列象在其中矣是也但初有三畫雖有萬物之象於萬物變通之理猶有未盡故更重之而有六畫備萬物之形象窮天下之能事故六畫成卦也此乾卦本以象天天乃積諸陽氣而成天故此卦六爻皆陽畫成卦也此既象天何不謂之天而謂之乾者天者定體之名乾者體

十三经注疏三百三十五卷　明嘉靖李元阳刻本

框高十九·八厘米，宽十三·二厘米，半叶九行二十一字，小字双行同，白口，四周单边。有『莫绳孙字仲武』『伯邕图书』『莫彝孙印』『郘亭眲叟』『莫友芝印』『吴兴刘氏嘉业堂藏书印』等藏印。

国家珍贵古籍名录编号：〇七二五五

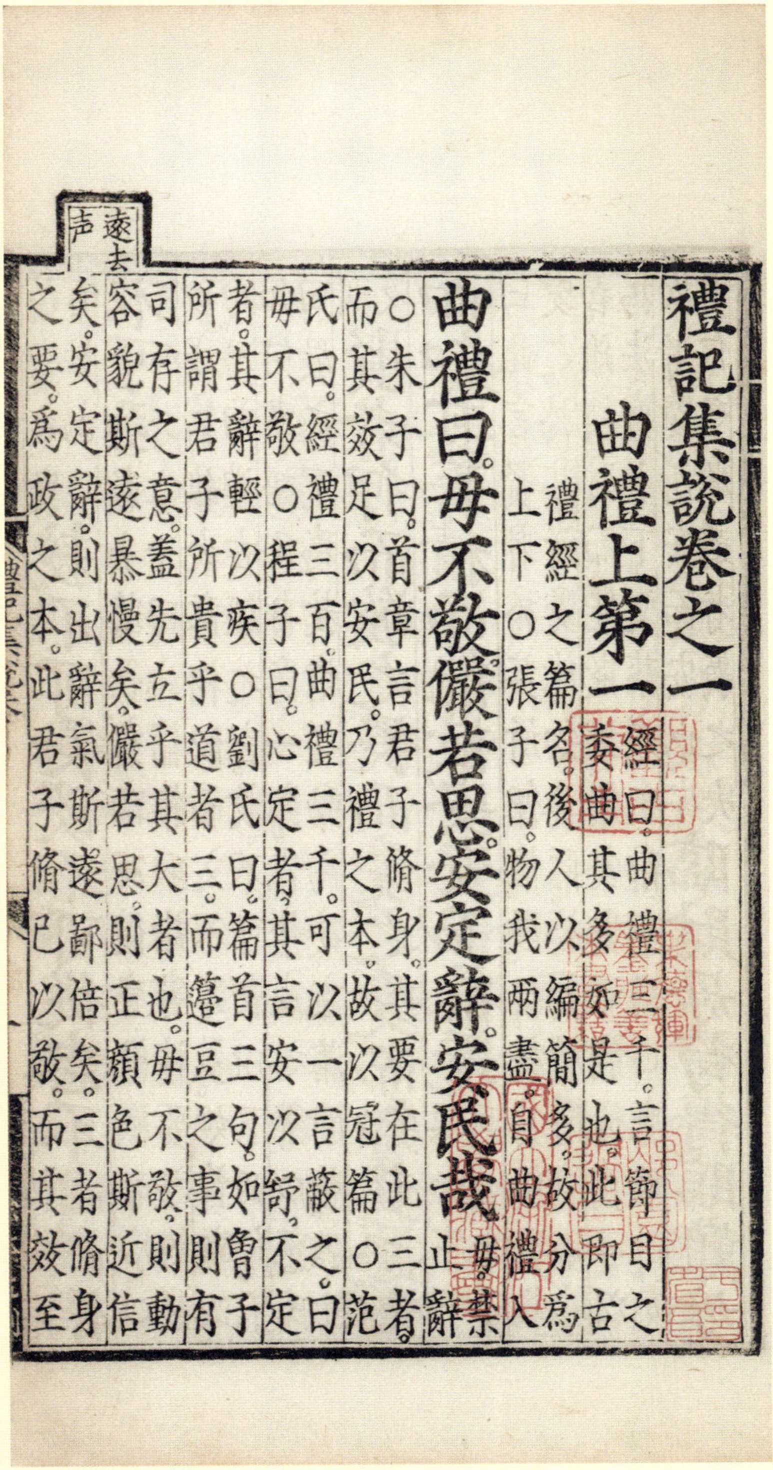
遠去声

禮記集說卷之一

曲禮上第一 經曰曲禮三千言節目之委曲其多如是也此即古禮經之篇名後人以編簡多故分爲上下○張子曰物我兩盡自曲禮入

曲禮曰毋不敬儼若思安定辭安民哉 毋禁止辭

○朱子曰首章言君子脩身其要在此三者而其效足以安民乃禮之本故以冠篇○范氏曰經禮三百曲禮三千可以一言蔽之曰毋不敬○程子曰心定者其言安以舒不定者其辭輕以疾○劉氏曰篇首三句如曾子所謂君子所貴乎道者三而籩豆之事則有司存之意蓋先立乎其大者也毋不敬則動容貌斯遠暴慢矣儼若思則正顔色斯近信矣安定辭則出辭氣斯遠鄙倍矣三者脩身之要爲政之本此君子脩己以敬而其效至

礼记集说三十卷 （元）陈澔撰 明嘉靖十一年（一五三二）建宁府刻本

框高二十·二厘米，宽十三·二厘米，半叶九行十七字，小字双行同，黑口，双黑鱼尾，四周双边。有『于省吾印』『郎园过目』『叶德辉鉴藏善本书籍』『观古堂』『朱兆庐藏书』等藏印。

国家珍贵古籍名录编号：〇三三〇六

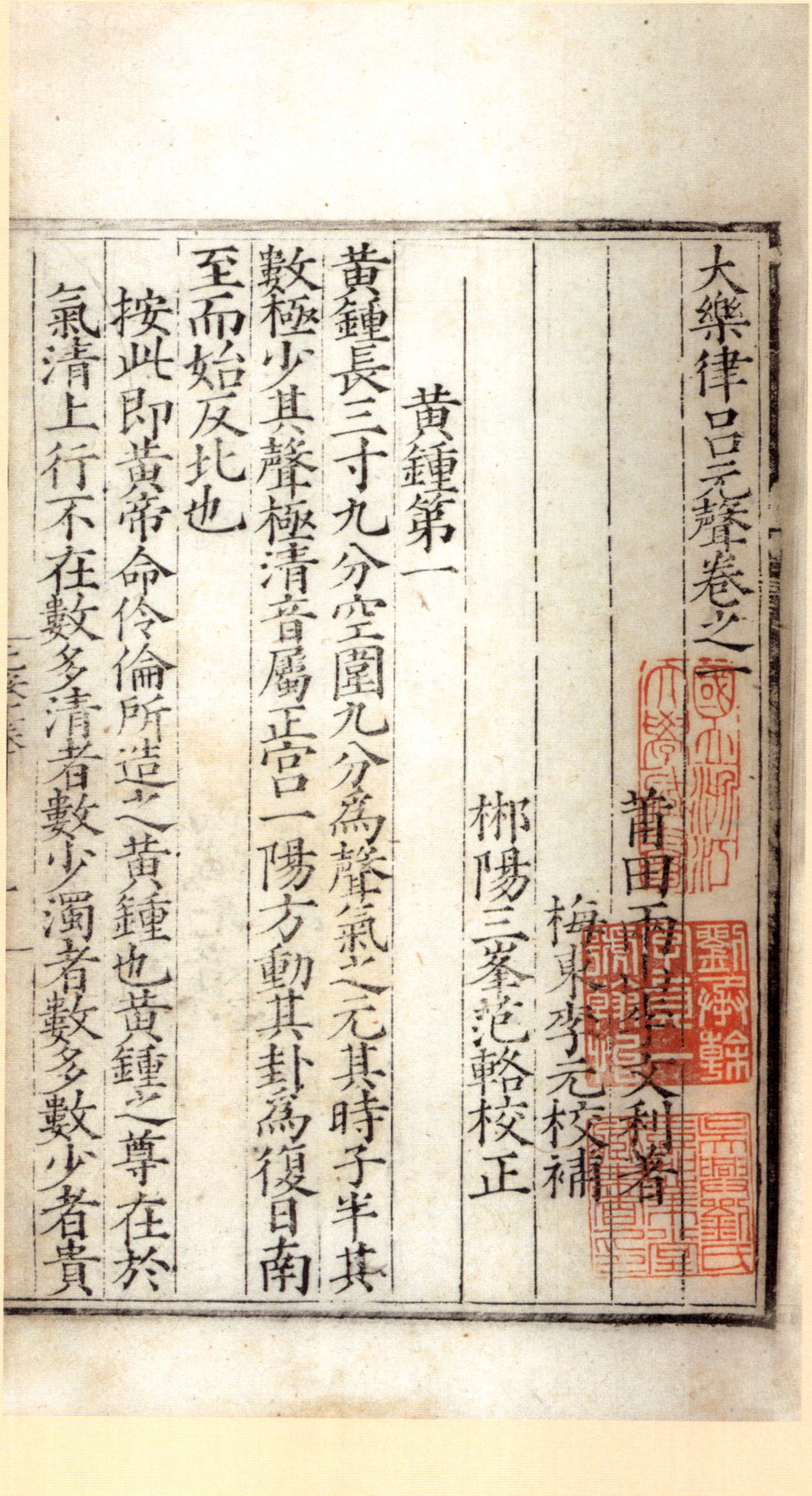

大樂律呂元聲卷之一

莆田西[illegible]李文利著
梅東李元校補
郴陽三峯范輅校正

黃鍾第一

黃鍾長三寸九分空圍九分爲聲氣之元其時子半其數極少其聲極清音屬正宮一陽方動其卦爲復日南至而始反北也

按此即黃帝命伶倫所造之黃鍾也黃鍾之尊在於氣清上行不在數多清者數少濁者數多數少者貴

大乐律吕元声六卷　（明）李文利撰　（明）李元校补，明嘉靖十四年（一五三五）浙江布政司刻本

框高二十・九厘米，宽十四・五厘米，半叶十行二十一字，小字双行同，白口，四周双边。有『吴兴刘氏嘉业堂藏书印』『刘承干字贞一号翰怡』『张叔平』等藏印。

国家珍贵古籍名录编号：〇七三五三

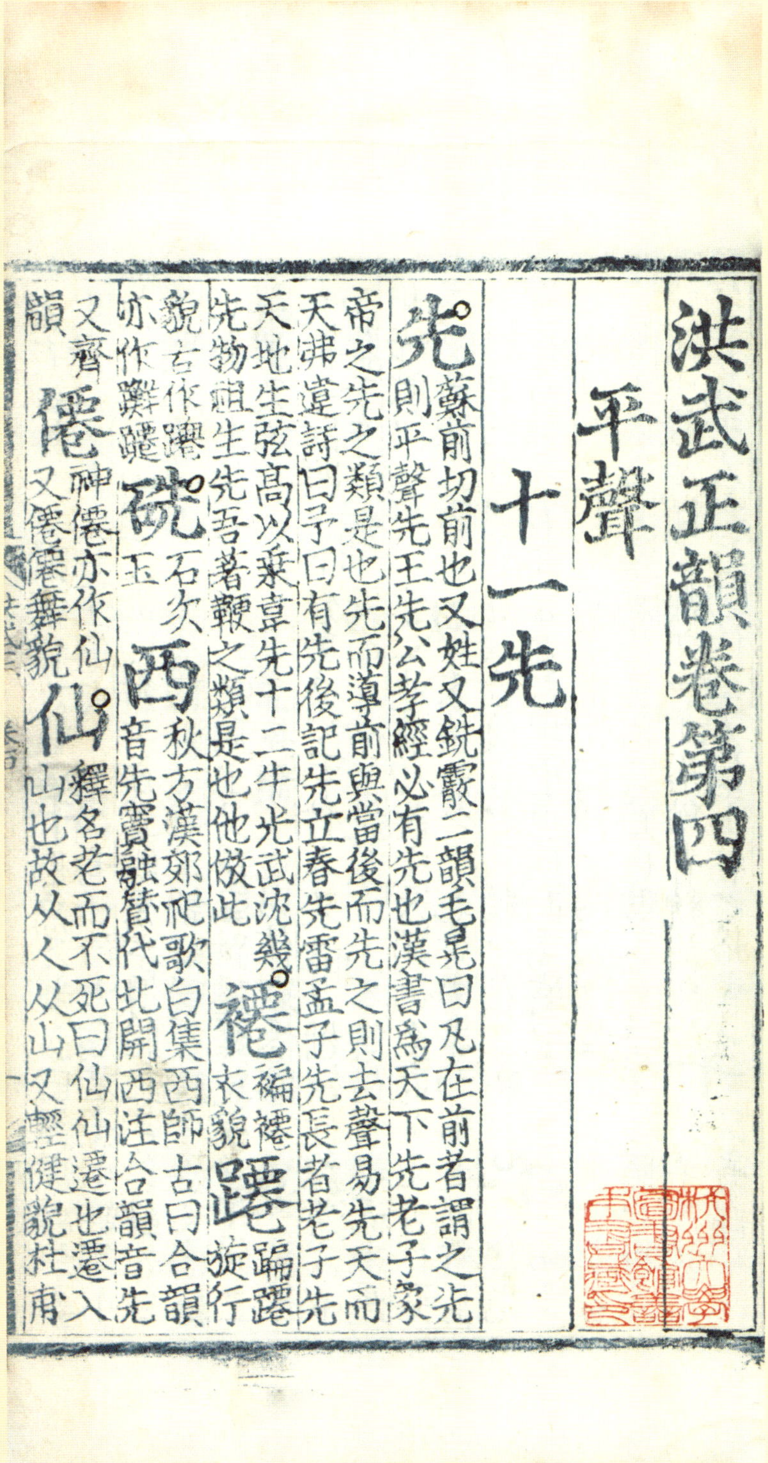

洪武正韻卷第四
平聲
十一先
先 蘇前切前也又姓又銑霰二韻毛晃曰凡在前者謂之先則平聲先王先公孝經必有先也漢書為天下先老子象帝之先之類是也先而導前與當後而先之則去聲易先天而天弗違詩曰予曰有先後記先立春先雷孟子先長者老子先天地生弦高以乘韋先十二牛光武沈幾先物徂生先吾著鞭之類是也他做此
䙴 褊䙴衣貌
躚 蹁躚旋行貌古作䙴亦作蹮躚
𥔵 石次玉
西 秋方漢郊祀歌白集西師古曰合韻音先賓餞替代比開西注合韻音先又齊韻
僊 神僊亦作仙又僊僊舞貌
仙 釋名老而不死曰仙仙遷也遷入山也故从人从山又輕健貌杜甫

洪武正韵十六卷　（明）乐韶凤　宋濂等撰　明嘉靖二十七年（一五四八）衡藩刻蓝印本

框高二十二厘米，宽十四·五厘米，半叶八行字数不等，小字双行二十四字，蓝口，双蓝鱼尾，四周双边。卷一至卷三墨印。

有『归安朱氏六乐堂藏』等印。

国家珍贵古籍名录编号：○三四六五

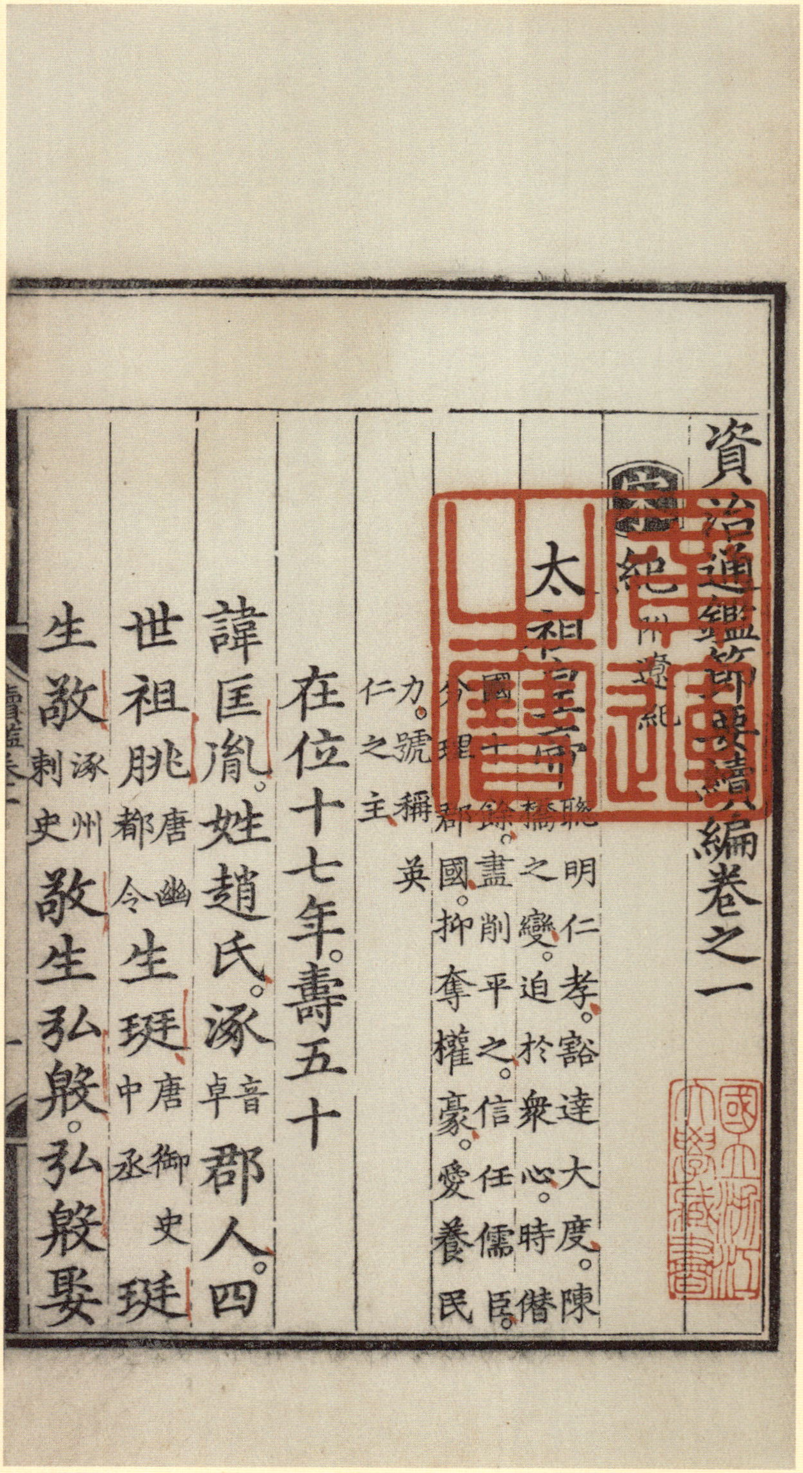

资治通鉴节要续编三十卷 （明）张光启撰 明正德九年（一五一四）司礼监刻本

框高二十二·二厘米，宽十五·七厘米，半叶九行十五字，小字双行同，黑口，双黑鱼尾，四周双边。有『广运之宝』『刘承干字贞一号翰怡』『吴兴刘氏嘉业堂藏书印』『张叔平』等藏印。

国家珍贵古籍名录编号：〇三七〇三

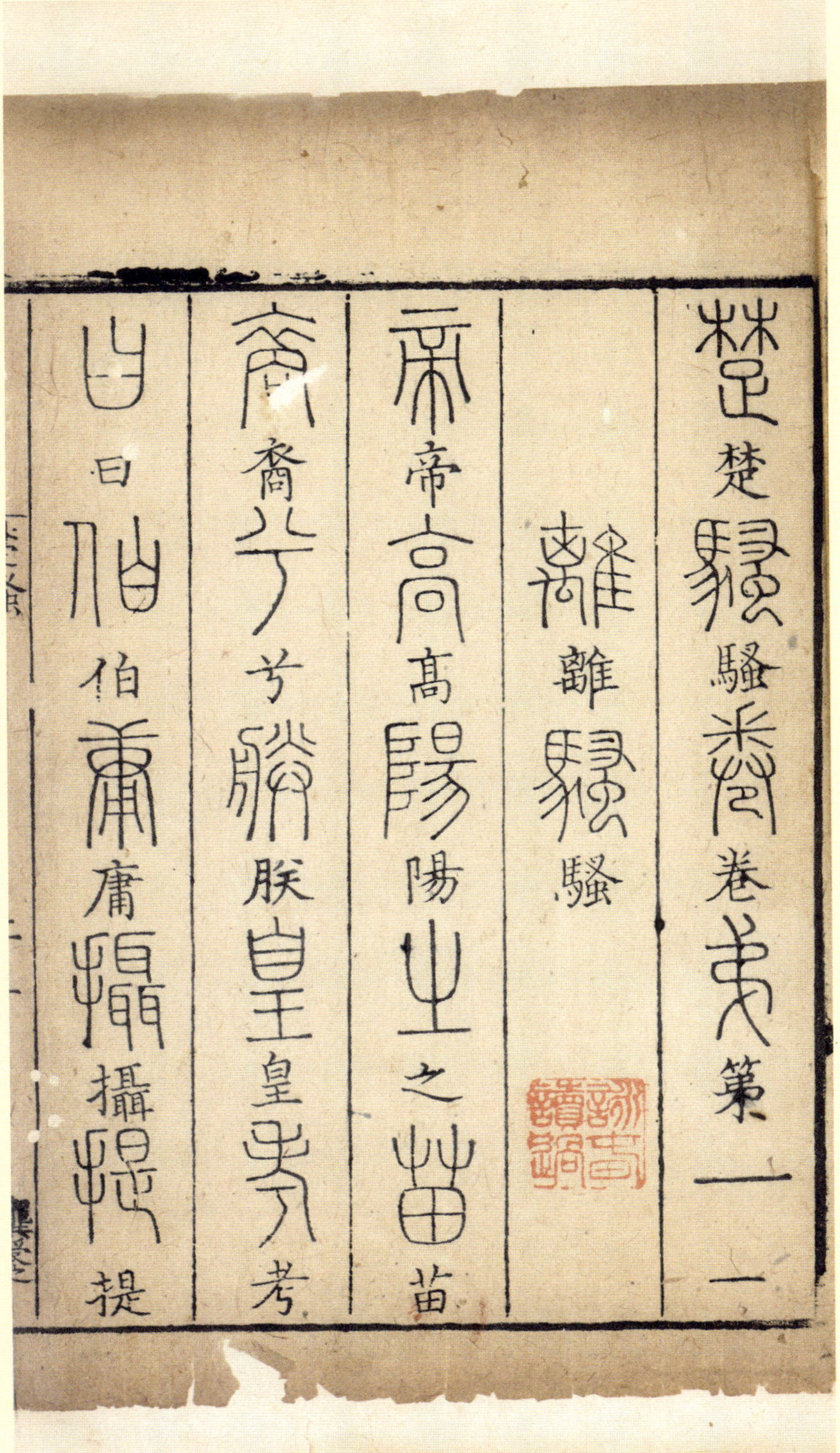
楚騷卷第一

離騷

帝高陽之苗

裔兮朕皇考

曰伯庸攝提

楚骚五卷 （楚）屈原撰 附录一卷 （汉）司马迁撰 明正德十五年（一五二〇）熊宇刻篆字本

框高十九·二厘米，宽十四厘米，半叶五行十字，白口，四周单边。有『钦训堂书画记』『吴兴刘氏嘉业堂藏书记』『咏春读过』等藏印。

国家珍贵古籍名录编号：〇五〇二六

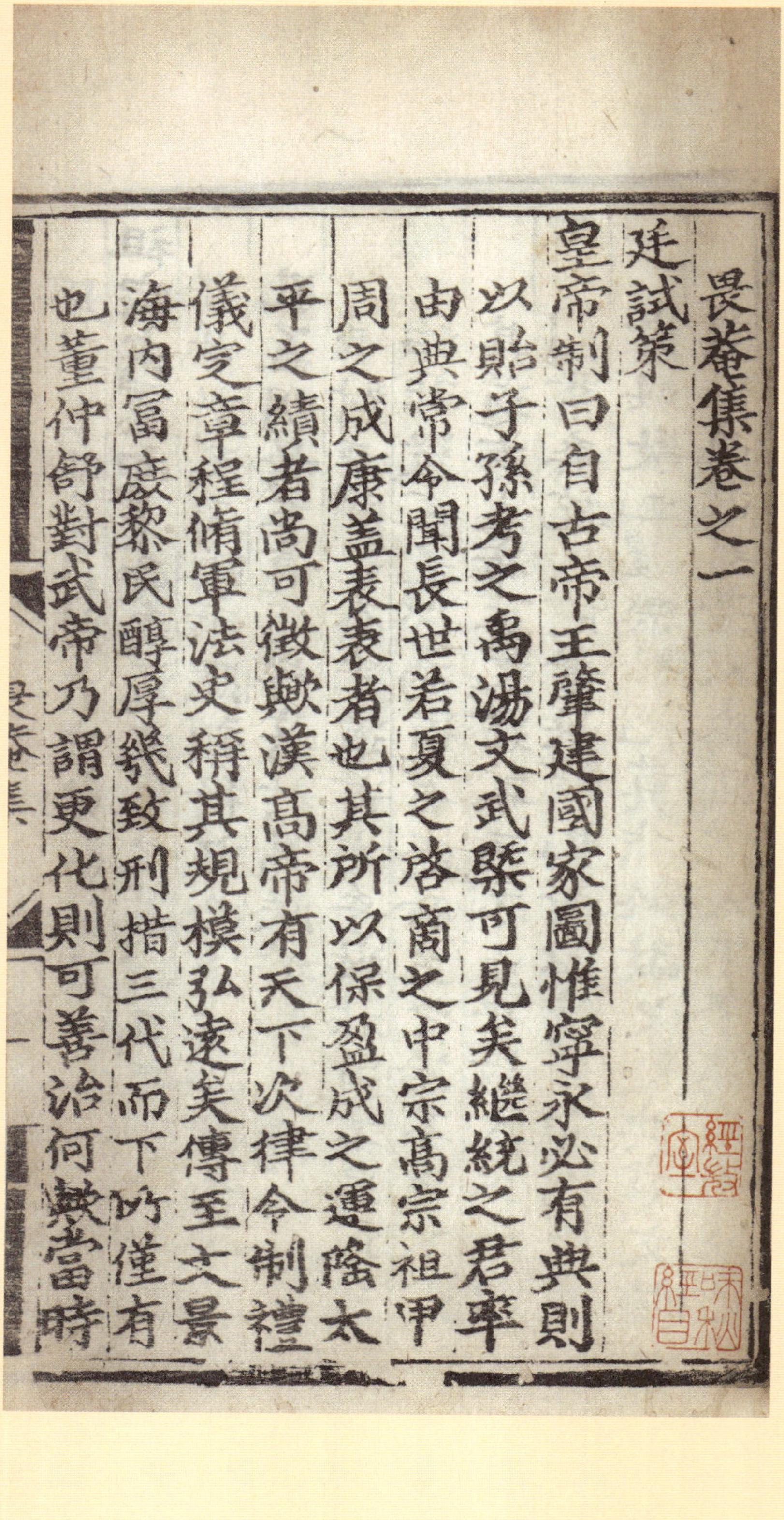
畏菴集卷之一
廷試策
皇帝制曰自古帝王肇建國家圖惟寧永必有典則
以貽子孫考之禹湯文武槩可見矣繼統之君率
由典常令聞長世若夏之啓商之中宗高宗祖甲
周之成康蓋表表者也其所以保盈成之運隆太
平之績者尚可徵歟漢高帝有天下次律令制禮
儀定章程脩軍法史稱其規模弘遠矣傳至文景
海內富庶黎民醇厚幾致刑措三代而下鮮僅有
也董仲舒對武帝乃謂更化則可善治何歟當時

畏菴集十卷 （明）周旋撰 明成化十九年（一四八三）刻本
框高二十一·五厘米，宽十三·九厘米，半叶十行二十字，粗黑口，双黑鱼尾，四周双边。有『樗庐珍藏』『味秋经目』『经微室』等藏印。
国家珍贵古籍名录编号：〇二一〇一

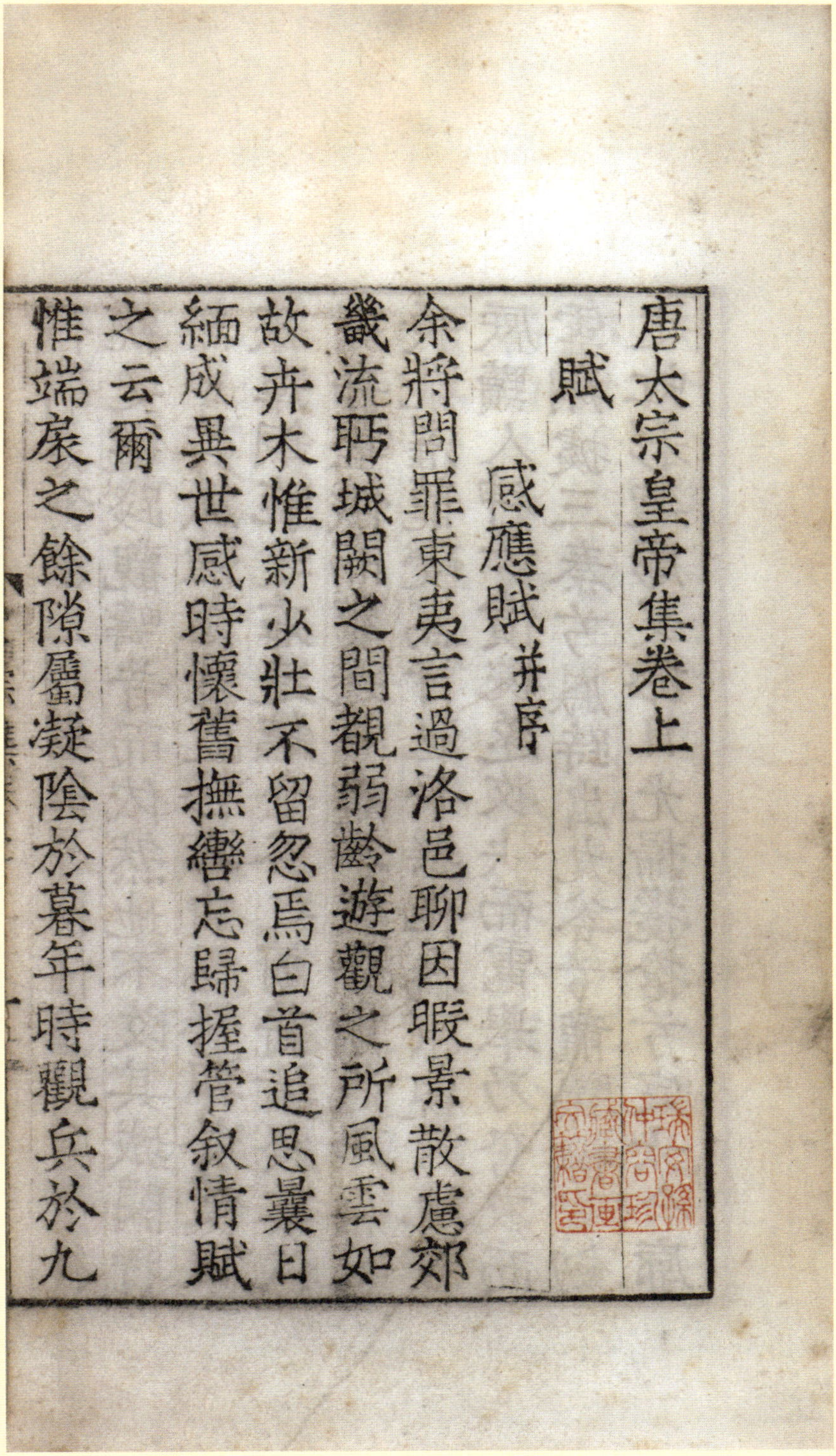
唐太宗皇帝集卷上

賦

感應賦并序

余將問罪東夷言過洛邑聊因暇景散慮郊畿流眄城闕之間覩弱齡遊觀之所風雲如故卉木惟新少壯不留忽焉白首追思曩日緬成異世感時懷舊撫轡忘歸握管叙情賦之云爾

惟端扆之餘隙屬凝陰於暮年時觀兵於九

唐人集□□种□□卷　明铜活字印本

框高十八・九厘米，宽十二・八厘米，半叶九行十七字，小字双行同，细黑口，左右双边。有『瑞安孙仲容珍藏书画文籍印』。存三十八种一百十七卷。

国家珍贵古籍名录编号：〇九三五九

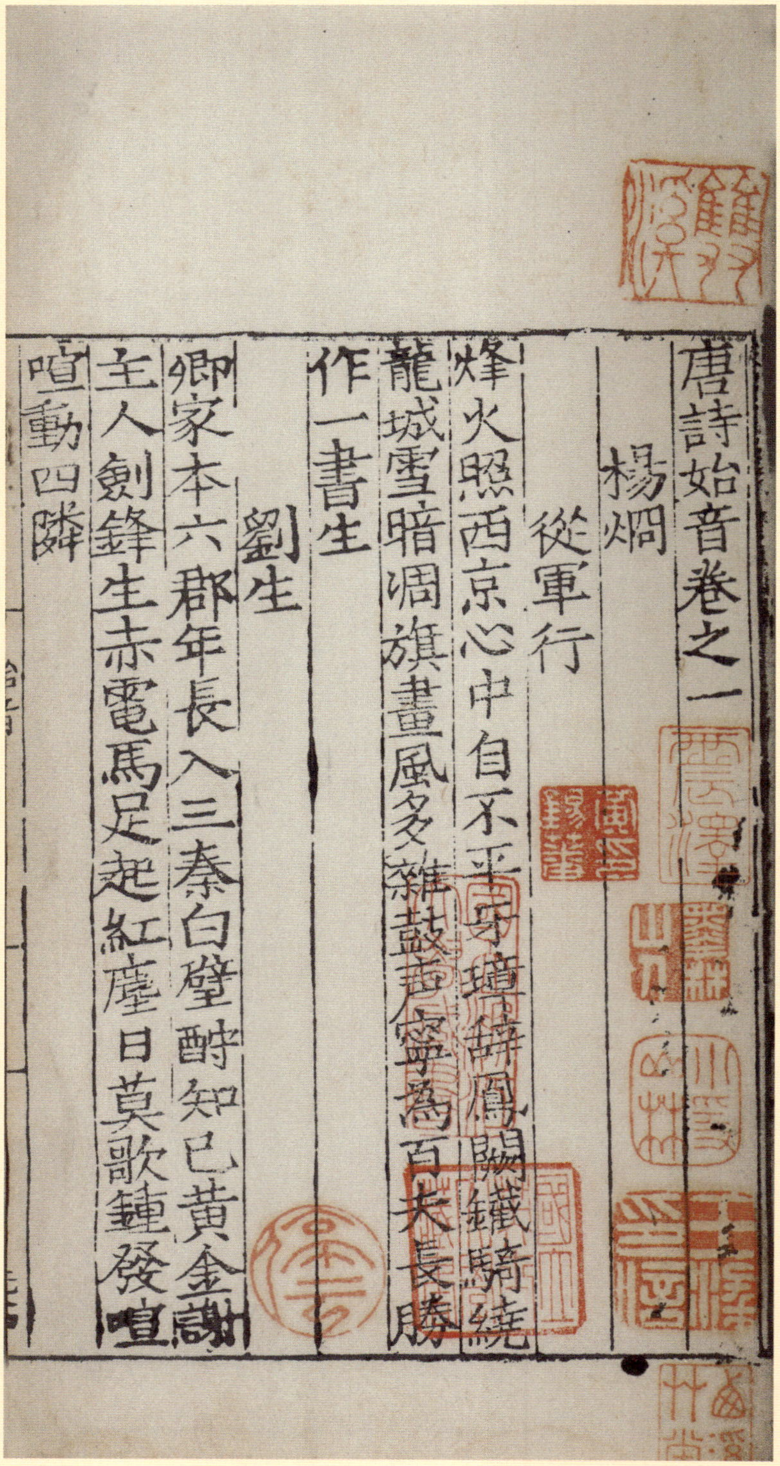
唐詩始音卷之一
楊炯
從軍行
烽火照西京心中自不平牙璋辭鳳闕鐵騎繞龍城雪暗凋旗畫風多雜鼓聲寧爲百夫長勝作一書生
劉生
卿家本六郡年長入三秦白璧酬知己黃金謝主人劍鋒生赤電馬足起紅塵日莫歌鍾發喧喧動四隣

唐诗始音十卷 （元）杨士弘辑 明刻重修蓝印本

框高十七·七厘米，宽十二·九厘米，半叶十行十八字，白口，左右双边间四周双边。有『青丘子』『高启之印』『双溪』『震泽』『黄锡蕃印』『王梁印信』『大学士章』『太原伯子』『耳谿』『西溪草堂』『小隐山林』『墨林山人』『停云』『赐研斋』『白阳山人』『复父氏』『济之』等藏印。

国家珍贵古籍名录编号：〇六四三八

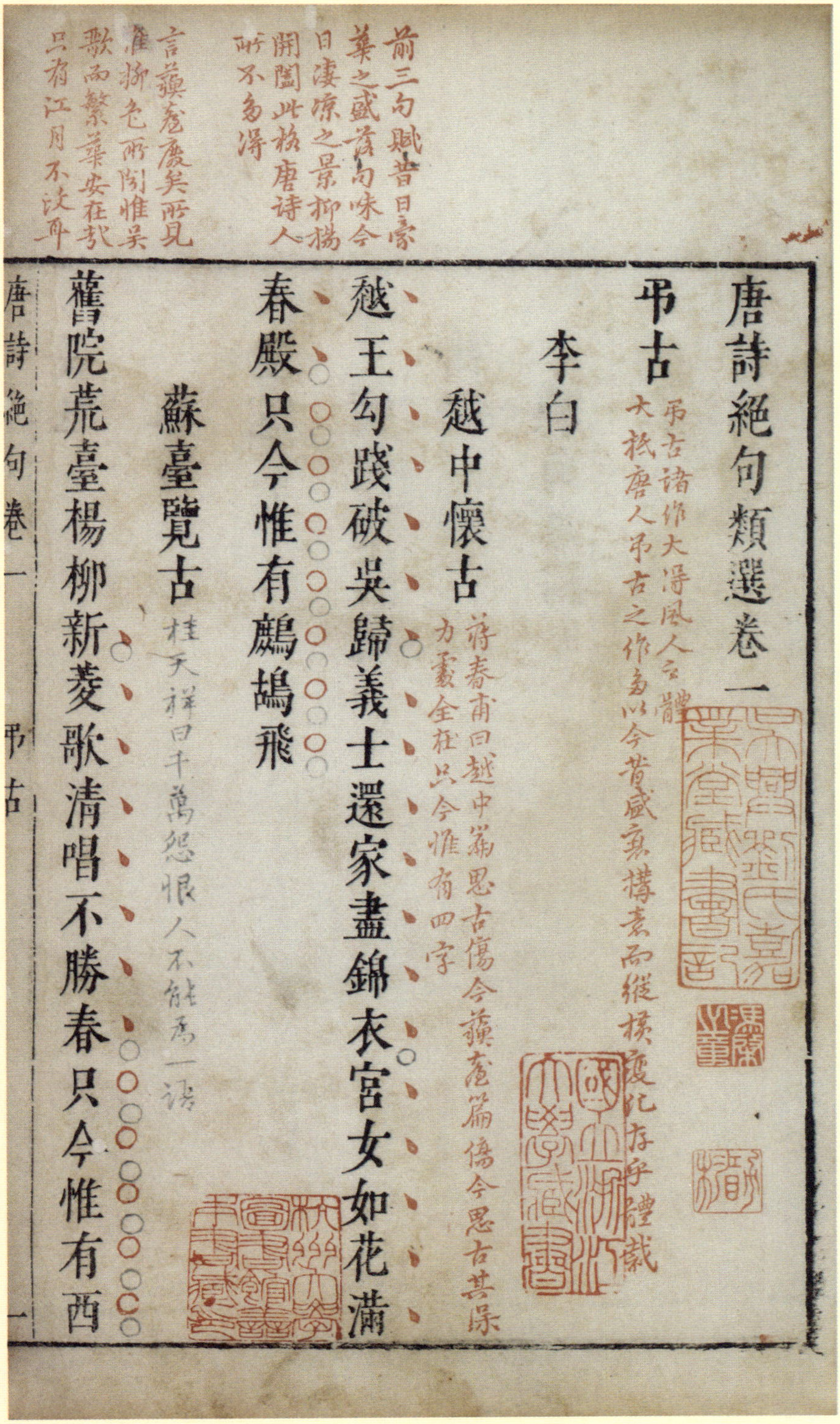
前三句賦昔日豪華之盛末句咏今日淒涼之景抑揚開闔此故唐詩人所不多得
言蘇臺廢矣所見惟楊柳色所聞惟吳歌而繁華安在哉只有江月不改耳

唐詩絕句類選卷一

弔古

弔古諸作大得風人之體大抵唐人弔古之作多以今昔盛衰構意而縱橫變化存乎體裁

李白

越中懷古

蔣春甫曰越中篇思古傷今蘇臺篇傷今思古其著力處全在只今惟有四字

越王勾踐破吳歸義士還家盡錦衣宮女如花滿春殿只今惟有鷓鴣飛

蘇臺覽古

桂天祥曰千萬怨恨人不能為一語

舊院荒臺楊柳新菱歌清唱不勝春只今惟有西

唐詩絕句卷一　弔古　一

唐诗绝句类选四卷总评一卷人物一卷　（明）敖英、凌云辑，明凌云刻三色套印本

框高二十・四厘米，宽十四・八厘米，半叶八行十九字，小字双行同，白口，四周单边。有『冯棨之章』『功楣』『蔗林藏书』『芷阁藏书』『吴兴刘氏嘉业堂藏书记』『张叔平』等藏印。

国家珍贵古籍名录编号：〇九四七八

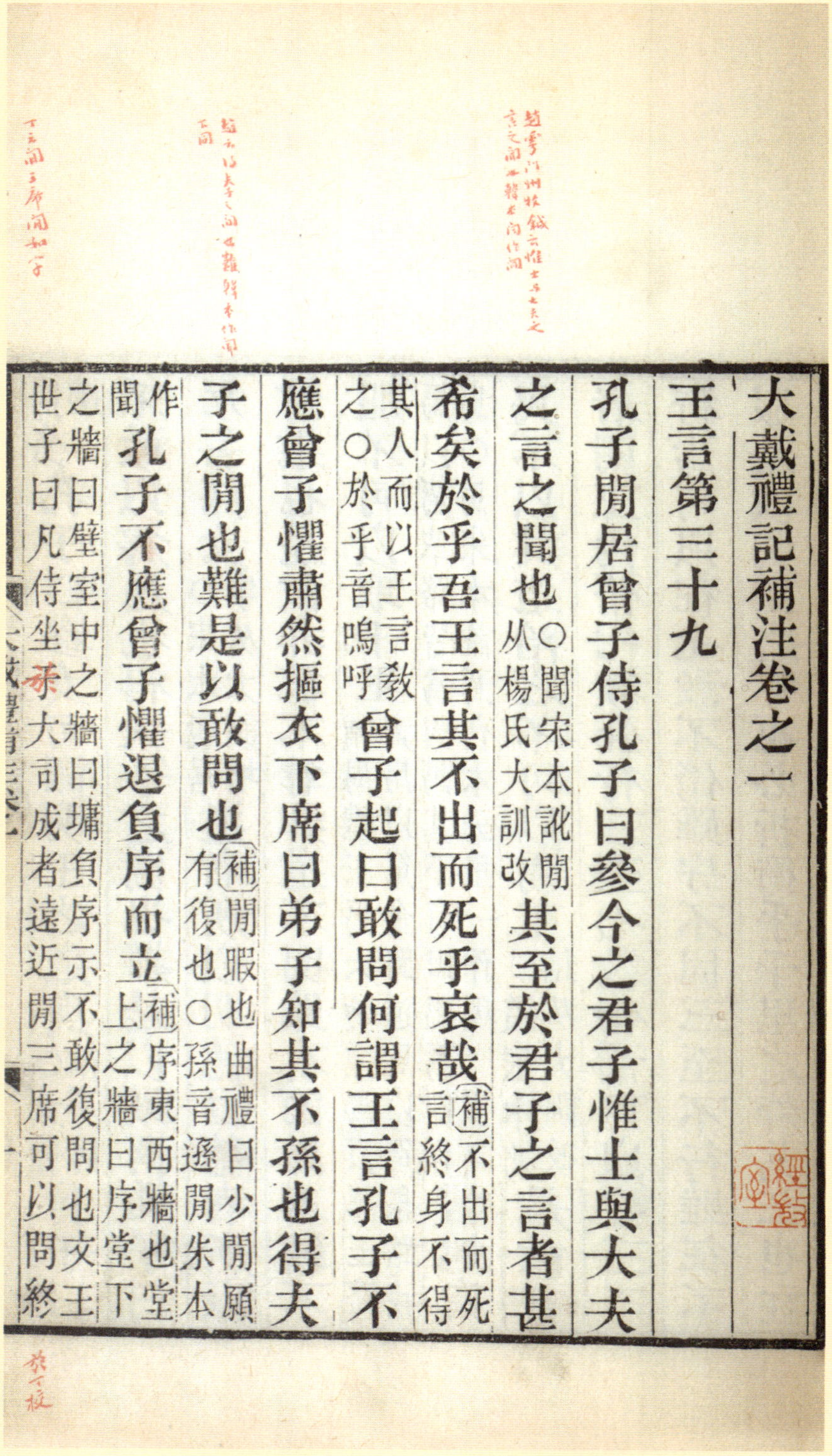

大戴禮記補注卷之一

王言第三十九

孔子閒居曾子侍孔子曰參今之君子惟士與大夫之言之聞也○聞宋本訛閒从楊氏大訓改其至於君子之言者甚希矣於乎吾王言其不出而死乎哀哉補不出而死言終身不得其人而以王言教之○於乎音嗚呼曾子起曰敢問何謂王言孔子不應曾子懼肅然摳衣下席曰弟子知其不孫也得夫子之閒也難是以敢問也補閒暇也曲禮曰少閒願有復也○孫音遜閒朱本作聞孔子不應曾子懼退負序而立補序東西牆也堂上之牆曰序堂下之牆曰壁室中之牆曰墉負序示不敢復問也文王世子曰凡侍坐於大司成者遠近閒三席可以問終

大戴礼记补注十三卷序录一卷 （清）孔广森撰，清同治十三年（一八七四）淮南书局刻本 孙诒让校跋并录王念孙、王引之、丁杰、严元照、赵钺等校

框高十八·四厘米，宽十五·一厘米，半叶十行二十字，小字双行同，粗黑口，双黑鱼尾，左右双边。有『瑞安孙仲容珍藏书画文籍印』『仲颂』『经微室』等印。

国家珍贵古籍名录编号：一〇〇八一

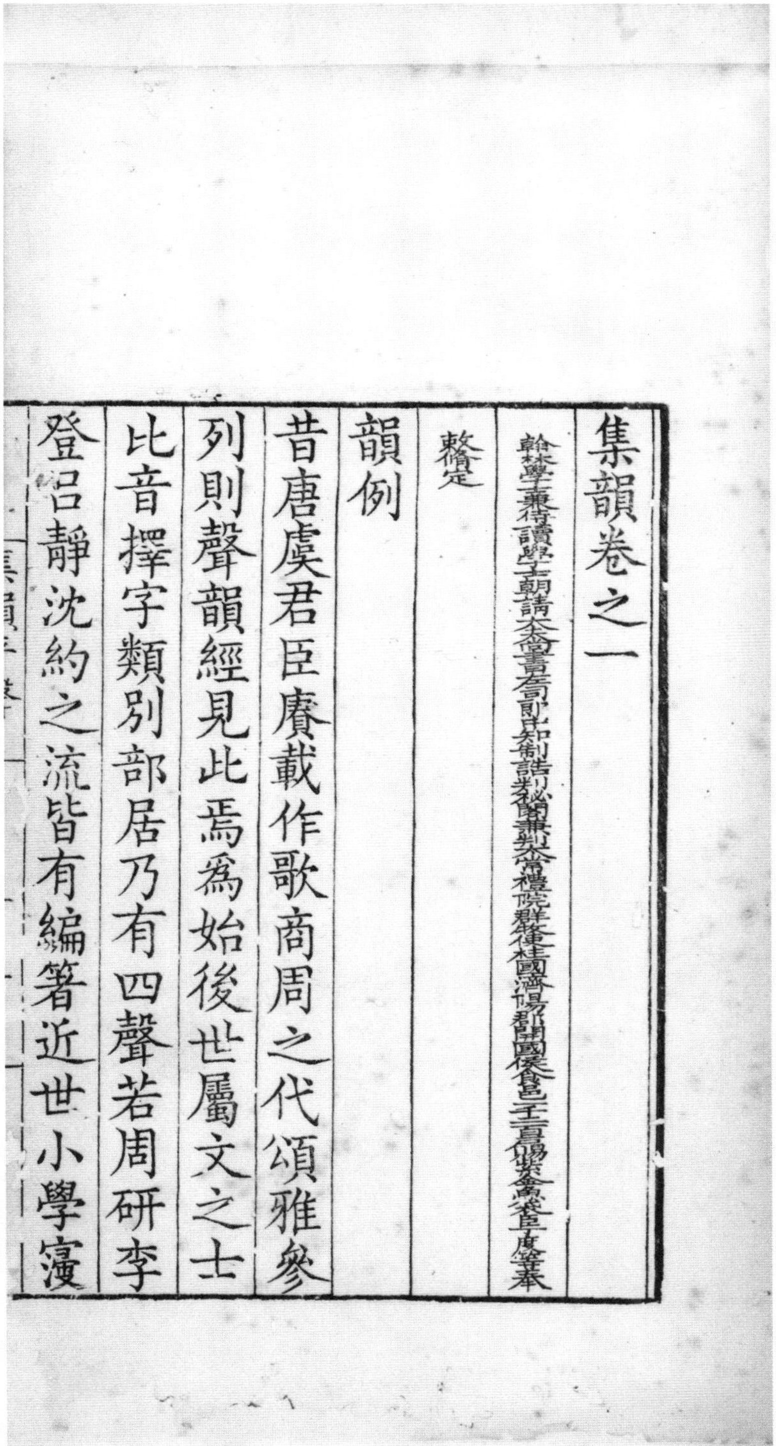
集韻卷之一
翰林學士兼侍讀學士朝請大夫尚書左司郎中知制誥判秘閣兼判太常禮院群牧使上柱國濟陽郡開國侯食邑二千三百戶賜紫金魚袋臣丁度等奉
敕撰
韻例
昔唐虞君臣賡載作歌商周之代頌雅參
列則聲韻經見此焉爲始後世屬文之士
比音擇字類别部居乃有四聲若周研李
登吕靜沈約之流皆有編著近世小學寖

集韵十卷　（宋）丁度等撰　清康熙四十五年（一七〇六）曹寅扬州使院刻嘉庆十九年（一八一四）重修本，方成珪校

框高十六·一厘米，宽十一·五厘米，半叶八行十六字，小字双行二十字，细黑口，左右双边。

国家珍贵古籍名录编号：一〇一五六

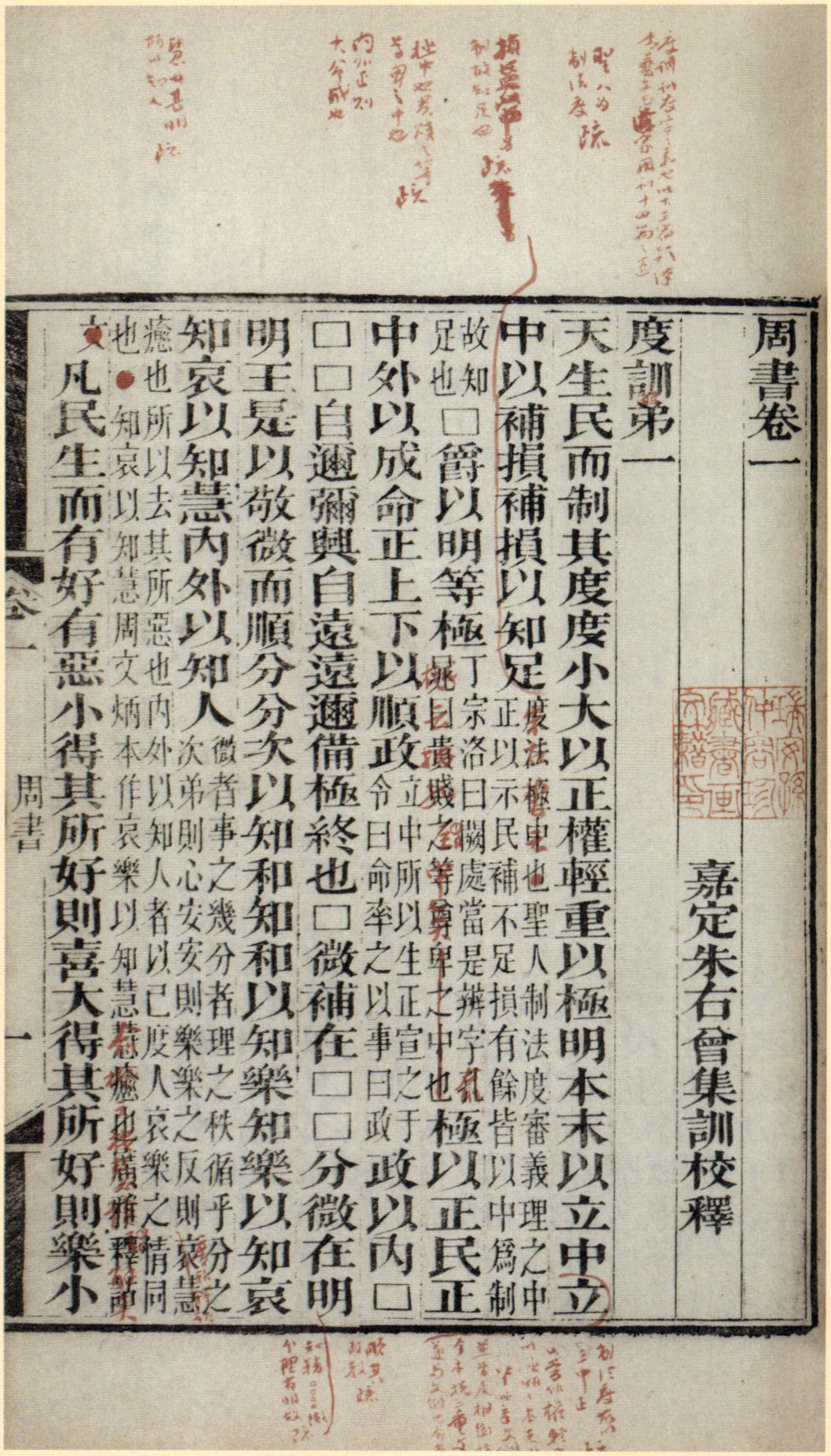
周書卷一
嘉定朱右曾集訓校釋
度訓第一
天生民而制其度度小大以正權輕重以極明本末以立中立
中以補損補損以知足度法極中也聖人制法度審義理之中正以示民補不足損有餘皆以中爲制
故知足也□爵以明等極丁宗洛曰擲處當是辨字晁曰貴賤之等尊卑之中也極以正民正
中外以成命正上下以順政立中所以生正宣之于政令曰命率之以事曰政政以內□
□□自邇彌興自遠遠邇備極終也□微補在□□分微在明
明王是以敬微而順分分次以知和知和以知樂知樂以知哀
知哀以知慧內外以知人微者事之幾分者理之秩循乎分之次弟則心安安則樂樂之反則哀慧
癒也所以去其所惡也內外以知人者以已度人哀樂之情同也●知哀以知慧周文炳本作哀樂以知慧慧癒也按廣雅釋詁
文凡民生而有好有惡小得其所好則喜大得其所好則樂小
周書 卷一 一

逸周书集训校释十卷逸文一卷 （清）朱右曾撰 清光绪三年（一八七七）崇文书局刻本 孙诒让批校
框高十九·四厘米，宽十五厘米，半叶十二行二十四字，小字双行同，粗黑口，双黑鱼尾，四周双边。有『瑞安孙仲容珍藏书画文籍印』。
国家珍贵古籍名录编号：一〇二二五

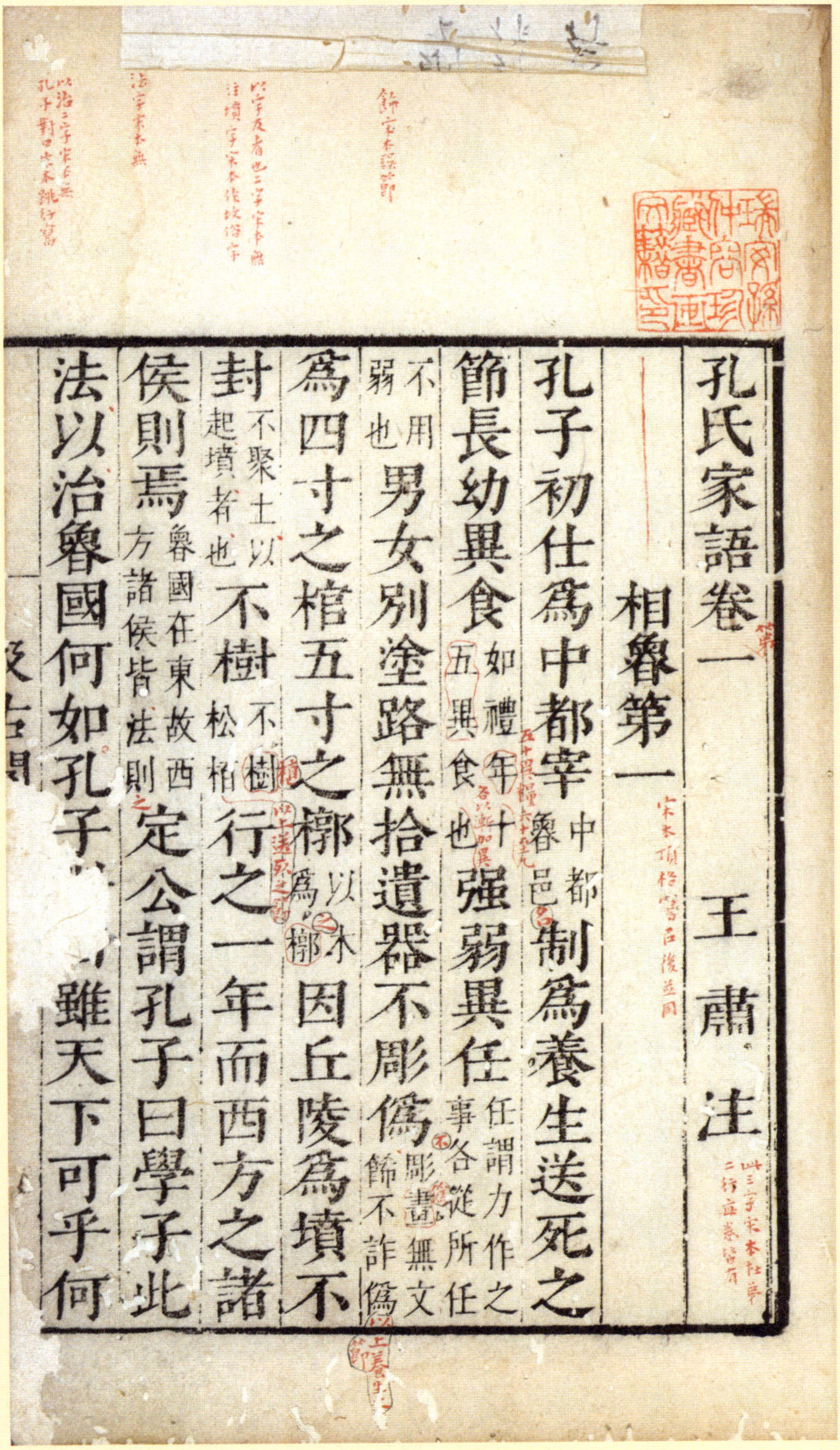

孔子家语十卷　（魏）王肃注　明崇祯毛氏汲古阁刻本　孙诒让校并跋

框高十七・七厘米，宽十三・六厘米，半叶九行十七字，小字双行，白口，左右双边。有『瑞安孙仲容珍藏书画文籍印』。

国家珍贵古籍名录编号：〇八二〇七

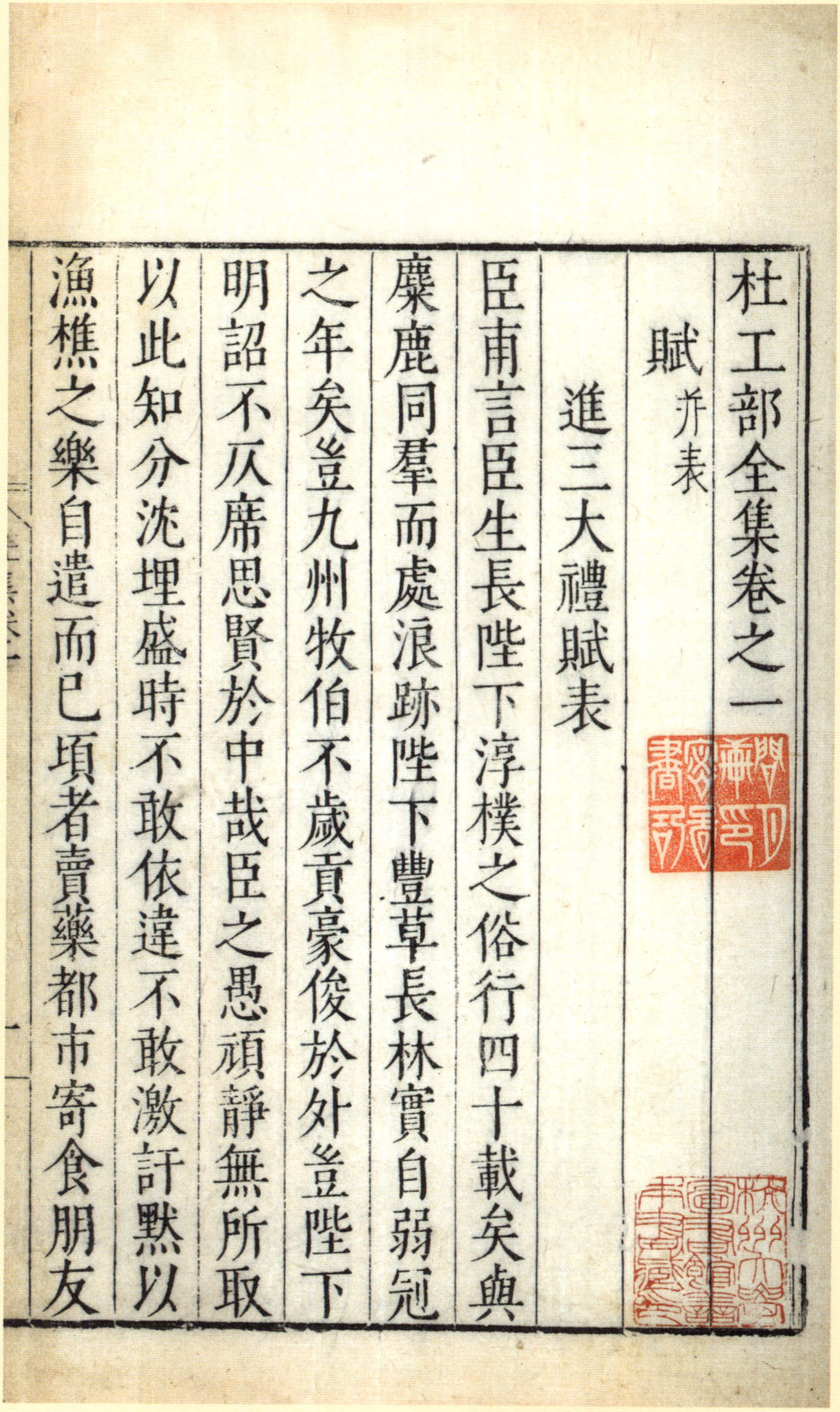
杜工部全集卷之一
賦并表
進三大禮賦表
臣甫言臣生長陛下淳樸之俗行四十載矣與
麋鹿同羣而處浪跡陛下豐草長林實自弱冠
之年矣豈九州牧伯不歲貢豪俊於外豈陛下
明詔不仄席思賢於中哉臣之愚頑靜無所取
以此知分沈埋盛時不敢依違不敢激訐默以
漁樵之樂自遺而已頃者賣藥都市寄食朋友

杜工部全集六十六卷目录六卷　（唐）杜甫撰　（明）刘世教辑　年谱一卷（宋）黄鹤撰　明万历四十年（一六一二）刻合刻分体李杜全集本　吕留良批　吕葆中跋

框高二十·一厘米，宽十四·八厘米，半叶九行十八字，白口，单白鱼尾，左右双边。有『乐在其中』『谛禅』『吴兴刘氏嘉业堂藏』『张叔平』『独山莫氏收藏经籍记』『问月轩印密图书记』『如熏之印』『独山莫氏藏书』『华山马仲安家藏善本』等印。

国家珍贵古籍名录编号：一〇五八五

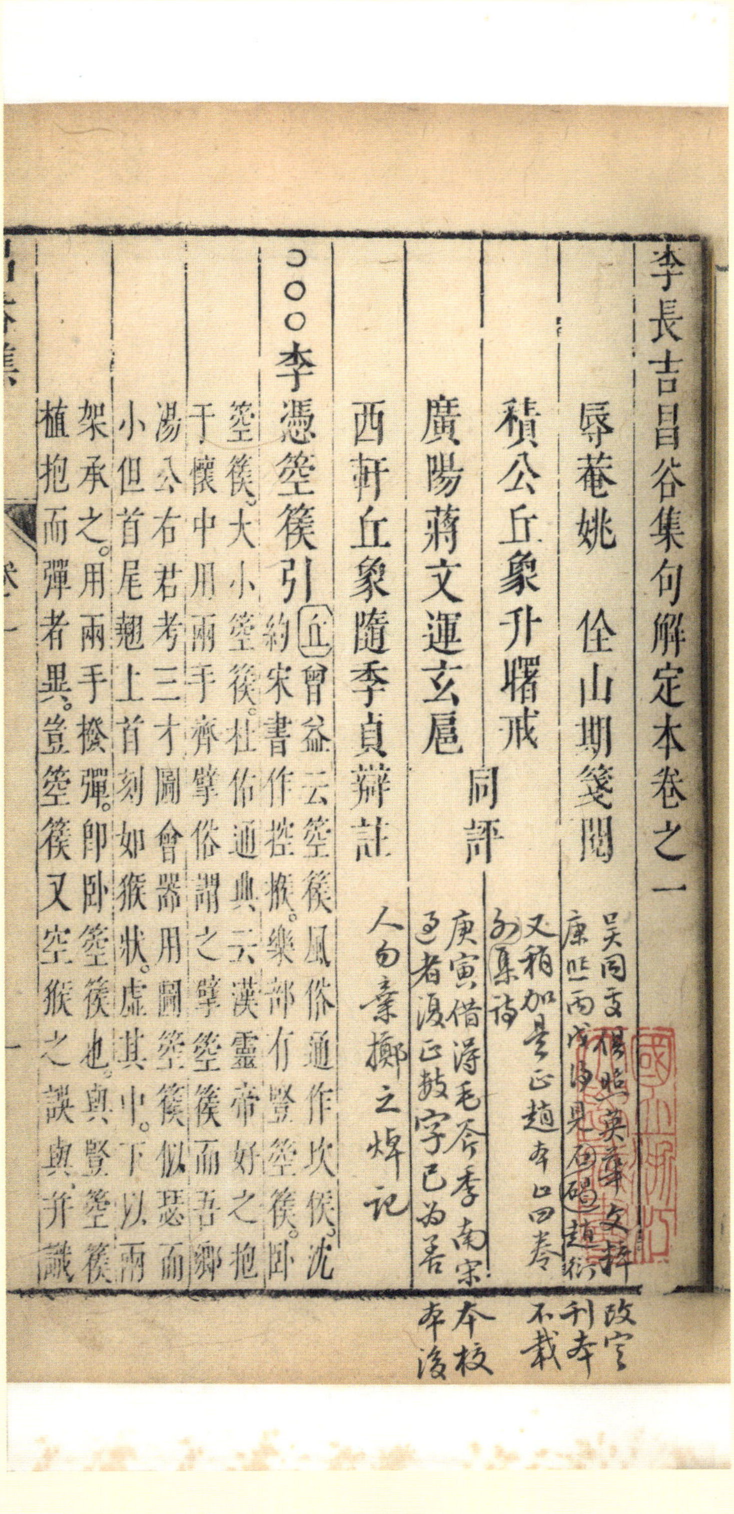

李长吉昌谷集句解定本四卷　（唐）李贺撰　（清）姚佺笺　（清）陈愫　丘象随辩注　清初丘象随西轩刻梅村书屋印本　何焯批并跋

框高二十・六厘米，宽十三・五厘米，半叶九行二十字，小字双行同，白口，单黑鱼尾，四周单边。有『阳湖陶氏涉园所有书籍之印』。

国家珍贵古籍名录编号：一〇五九六

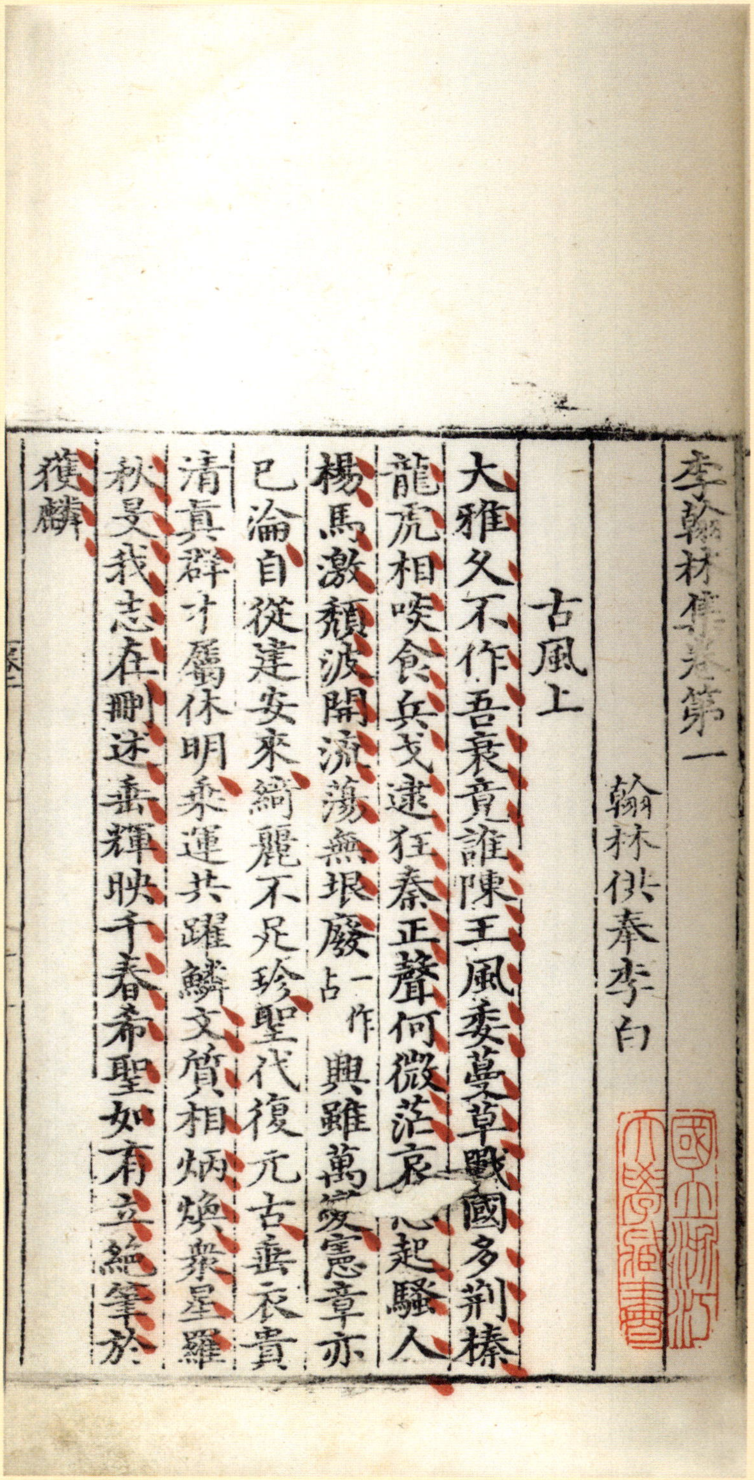
李翰林集卷第一
翰林供奉李白
古風上
大雅久不作吾衰竟誰陳王風委蔓草戰國多荊榛
龍虎相啖食兵戈逮狂秦正聲何微茫哀怨起騷人
揚馬激頹波開流蕩無垠廢一作興雖萬變憲章亦
已淪自從建安來綺麗不足珍聖代復元古垂衣貴
清真群才屬休明乘運共躍鱗文質相炳煥衆星羅
秋旻我志在刪述垂輝映千春希聖如有立絶筆於
獲麟

李杜全集八十三卷　（明）鲍松编　明正德八年（一五一三）自刻本　丁耀亢跋
框高十八·三厘米，宽十三·八厘米，半叶十行二十字，白口，四周单边。有『新乐王书』『丁耀亢印』『陆舫』等藏印。
国家珍贵古籍名录编号：〇九三六一

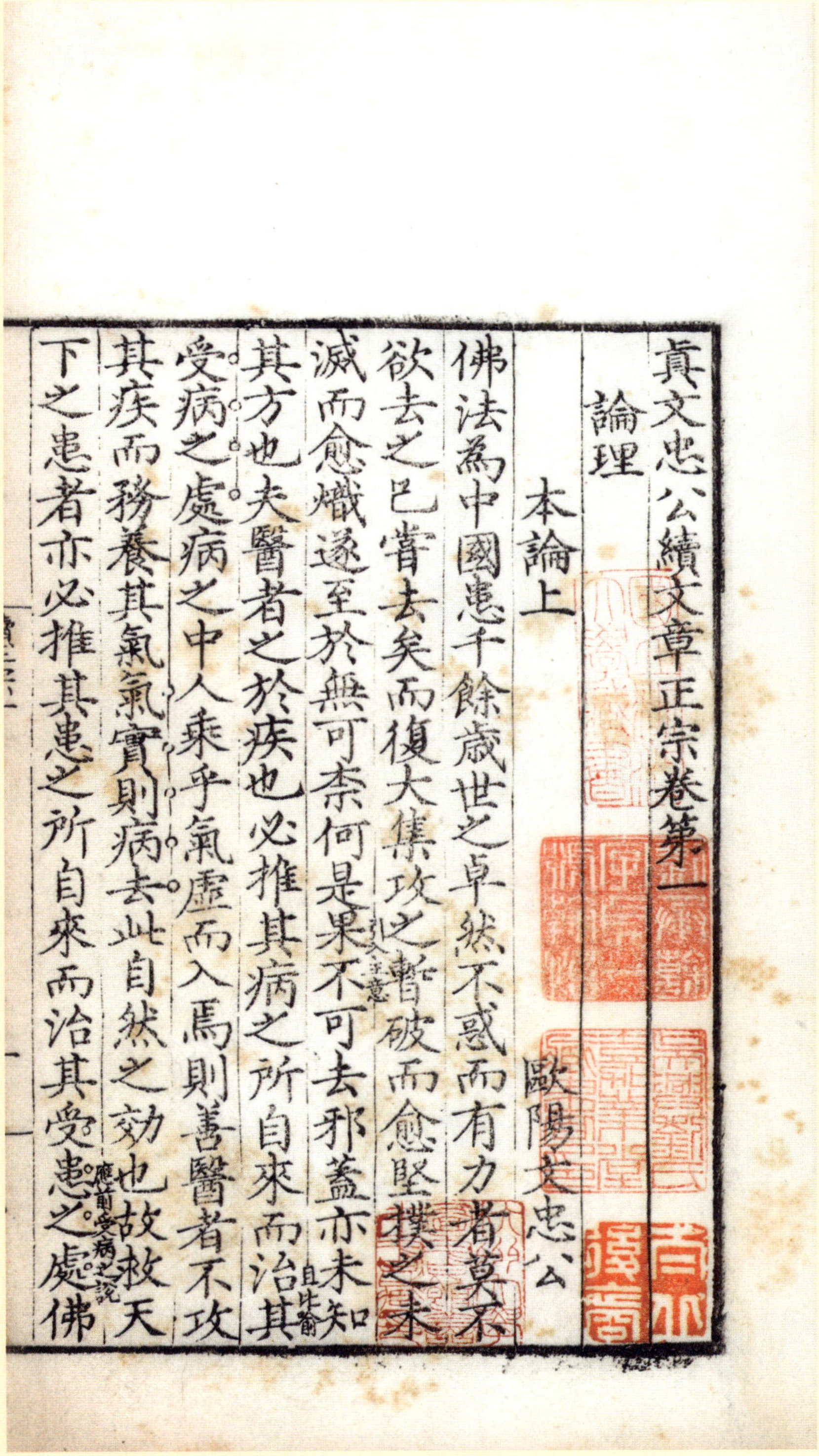

真文忠公續文章正宗卷第一
論理
本論上　歐陽文忠公
佛法為中國患千餘歲世之卓然不惑而有力者莫不
欲去之已嘗去矣而復大集攻之暫破而愈堅撲之未
滅而愈熾遂至於無可柰何是果不可去邪蓋亦未知
其方也夫醫者之於疾也必推其病之所自來而治其
受病之處病之中人乘乎氣虛而入焉則善醫者不攻
其疾而務養其氣氣實則病去此自然之効也故救天應前受病之說
下之患者亦必推其患之所自來而治其受患之處佛

真文忠公续文章正宗二十卷　（宋）真德秀辑　明嘉靖二十一年（一五四二）晋藩刻本　张廷济跋

框高 19.40 厘米，宽 13.20 厘米，半叶十行二十一字，小字双行同，白口，四周单边。有『秀水王景曾所藏金石书籍印』『颍川陈氏家藏图书』『云樵童印』『太丘后裔』『刘承干字贞一号翰怡』『吴兴刘氏嘉业堂藏书印』『张叔平』『张叔未』『廷济』等藏印。

国家珍贵古籍名录编号：〇九四二七

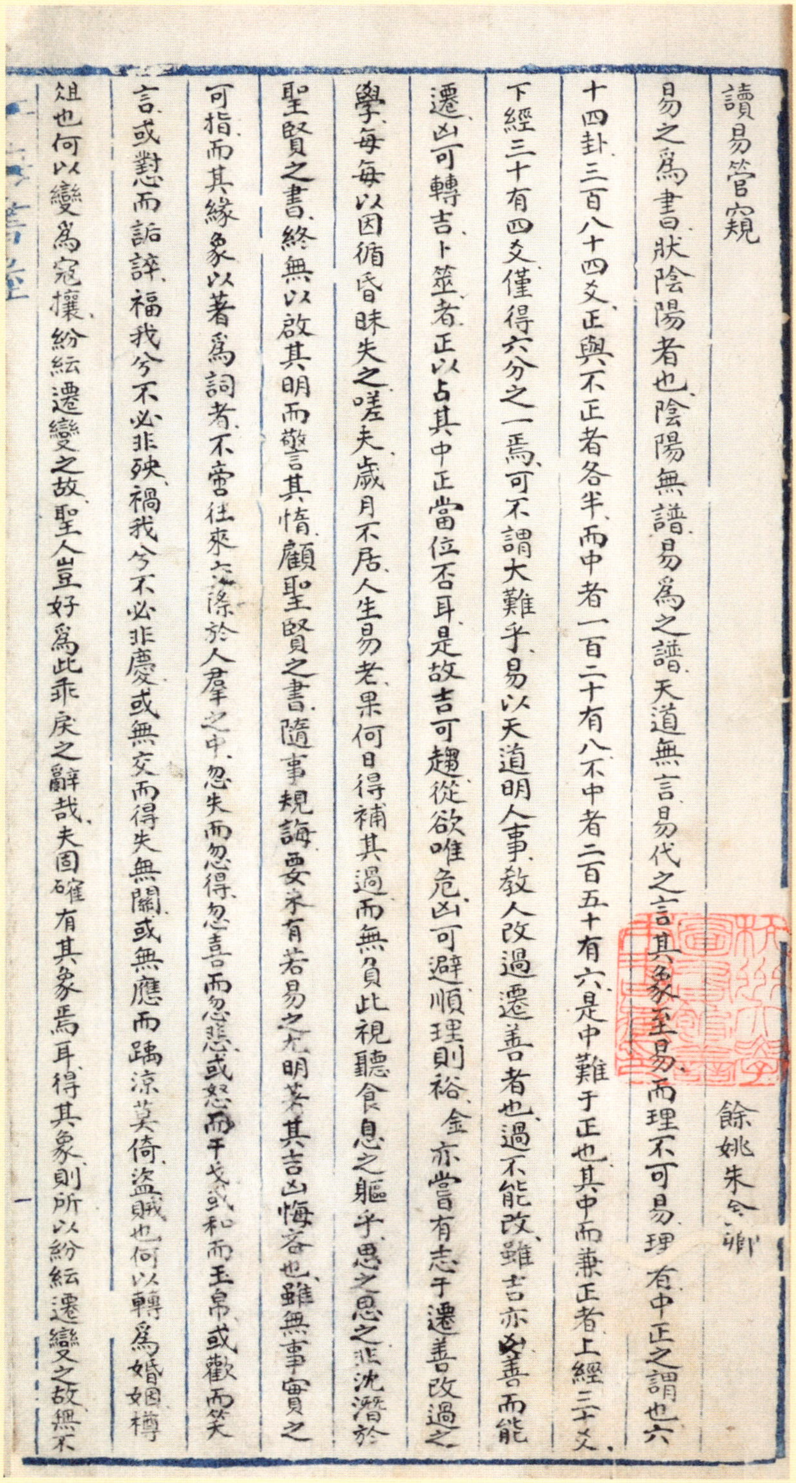
讀易管窺

餘姚朱金卿

易之爲書肰陰陽者也陰陽無譜易爲之譜天道無言易代之言其象至易而理不可易理者中正之謂也六十四卦三百八十四爻正與不正者各半而中者一百二十有八不中者二百五十有六是中難于正也其中而兼正者上經三十爻下經三十有四爻僅得六分之一焉可不謂大難乎易以天道明人事教人改過遷善者也過不能改雖吉亦凶善而能遷凶可轉吉卜筮者正以占其中正當位否耳是故吉可趨從欲唯危凶可避順理則裕金亦嘗有志于遷善改過之學每每以因循昏昧失之嗟夫歲月不居人生易老果何日得補其過而無負此視聽食息之軀乎思之思之悲沈潛於聖賢之書終無以啟其明而警其惰顧聖賢之書隨事規誨要未有若易之尤明著其吉凶悔吝也雖無事實之可指而其緣象以著爲詞者不啻往來交係於人羣之中忽失而忽得忽喜而忽悲或怒而干戈或和而玉帛或歡而笑言或懟而詬誶福我兮不必非殃禍我兮不必非慶或無交而得失無關或無應而踽涼莫倚盜賊也何以轉爲婚姻樽俎也何以變爲寇攘紛紜遷變之故聖人豈好爲此乖戾之辭哉夫固確有其象焉耳得其象則所以紛紜遷變之故無不

读易管窥四卷　（清）朱金卿撰　清道光间稿本　马一浮、张宗祥跋

框高二十二·五厘米，宽十二·二厘米，半叶十行字数不等，白口，四周单边。

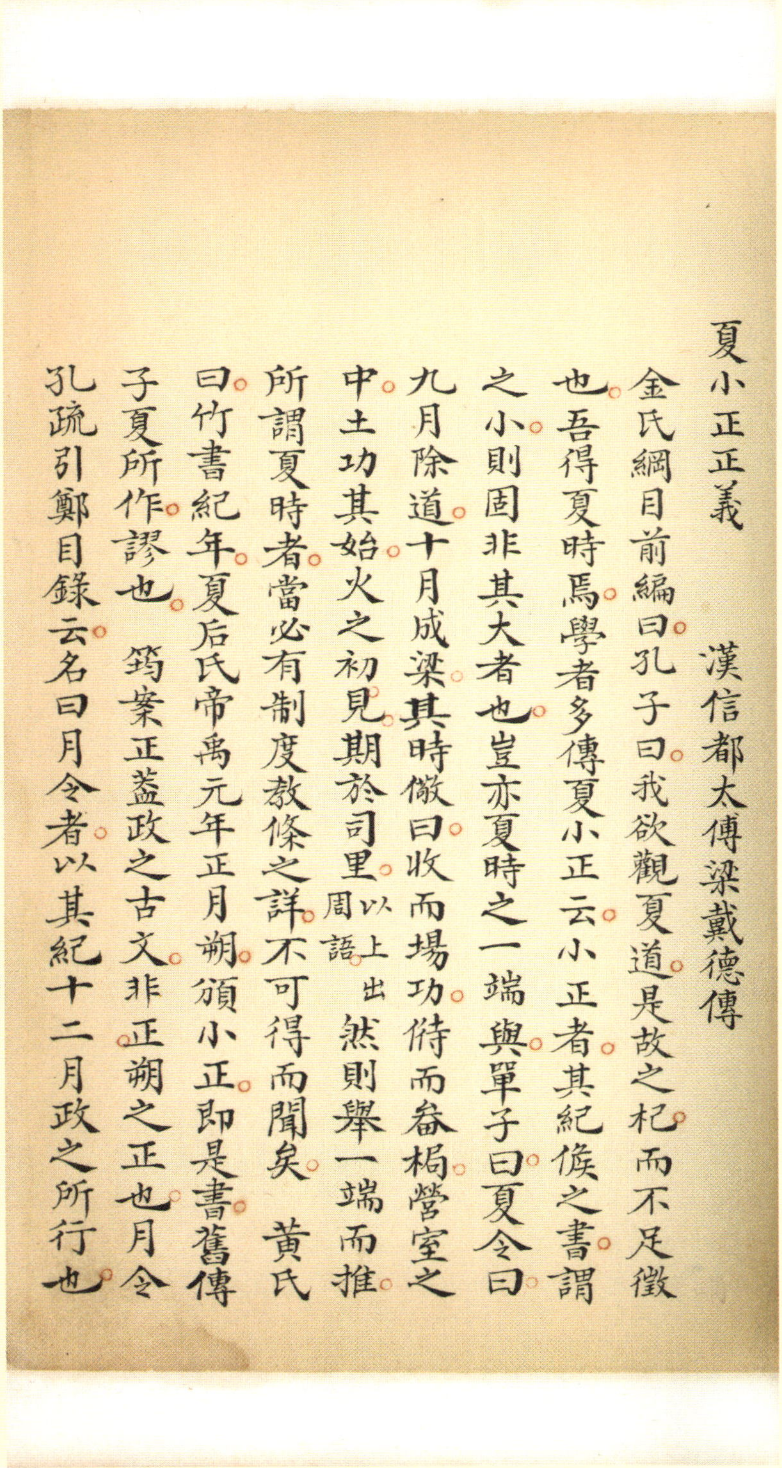

夏小正正義

漢信都太傅梁戴德傳

金氏綱目前編曰孔子曰我欲觀夏道是故之杞而不足徵也吾得夏時焉學者多傳夏小正云小正者其紀候之書謂之小則固非其大者也豈亦夏時之一端與單子曰夏令曰九月除道十月成梁其時儆曰收而場功偫而畚梮營室之中土功其始火之初見期於司里（以上出周語） 然則舉一端而推所謂夏時者當必有制度教條之詳不可得而聞矣 黄氏曰竹書紀年夏后氏帝禹元年正月朔頒小正即是書舊傳子夏所作謬也 筠案正蓋政之古文非正朔之正也月令孔疏引鄭目錄云名曰月令者以其紀十二月政之所行也

夏小正正义不分卷 （清）王筠撰 姜亮夫撰 稿本 埜东跋

半叶十行二十四字，小字双行同。有『亮夫』『姜寅清』等印。

国家珍贵古籍名录编号：一〇〇八三

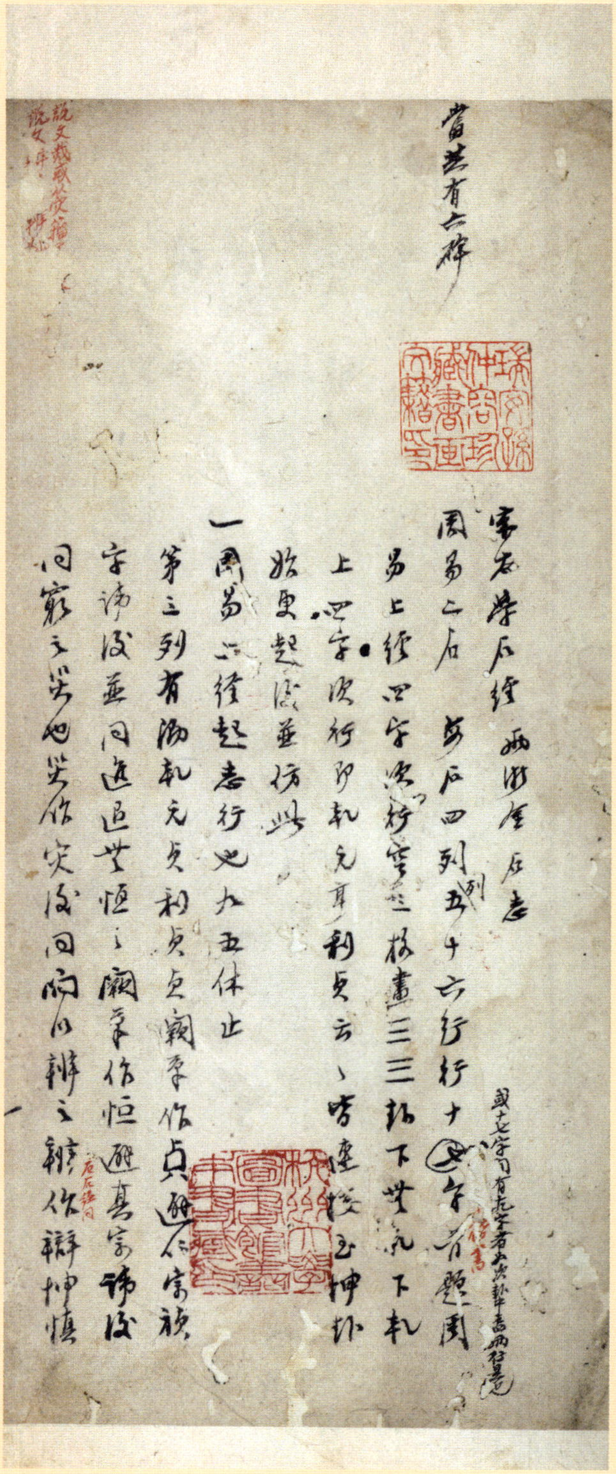

宋太学石经考一卷　附鲁斋先生《武林金石录》校跋一卷　（清）罗以智撰　稿本
半叶九行二十字。有『瑞安孙仲容珍藏书画文籍印』。
国家珍贵古籍名录编号：一〇一三〇

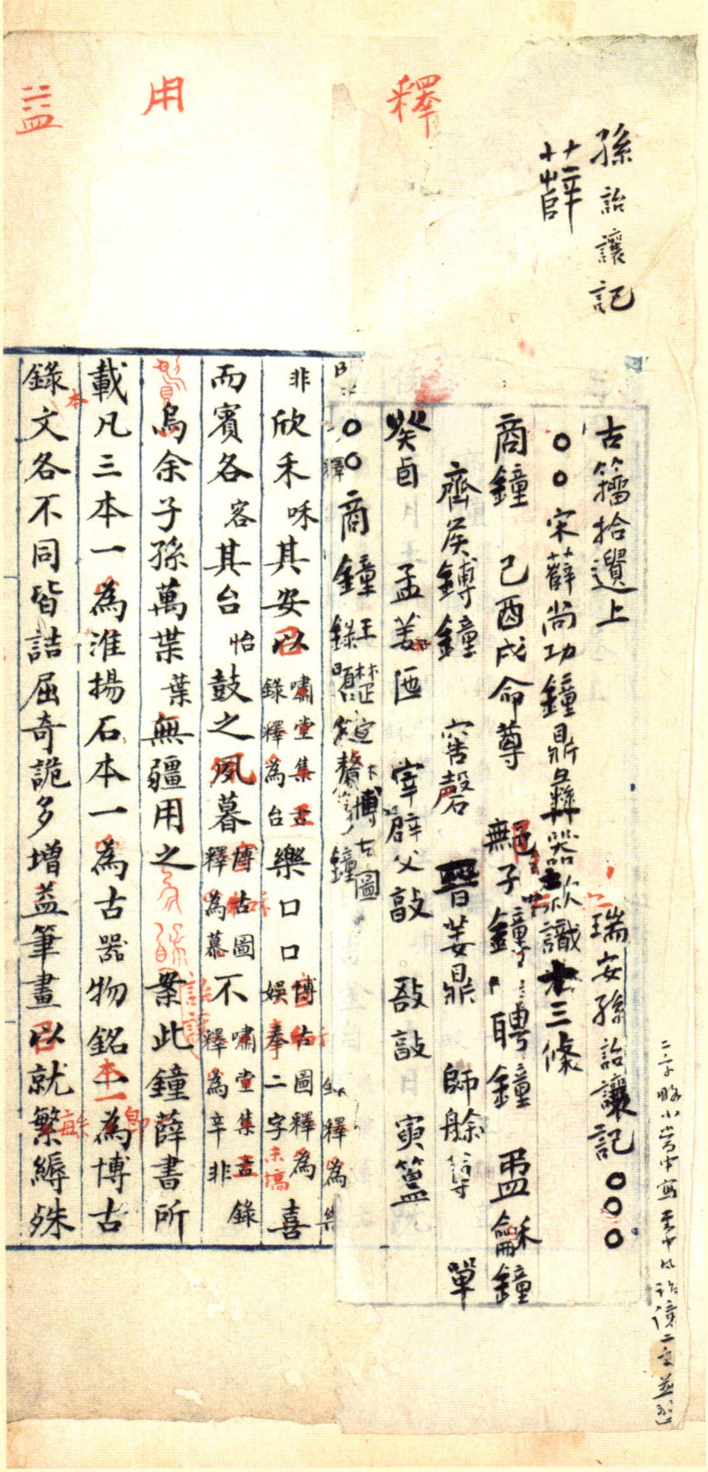

古籀拾遗三卷 （清）孙诒让撰 稿本

框高十六·八厘米，宽十一·八厘米，半叶十行二十字，小字双行同，蓝格，细蓝口，左右双边。

国家珍贵古籍名录编号：〇三四四八

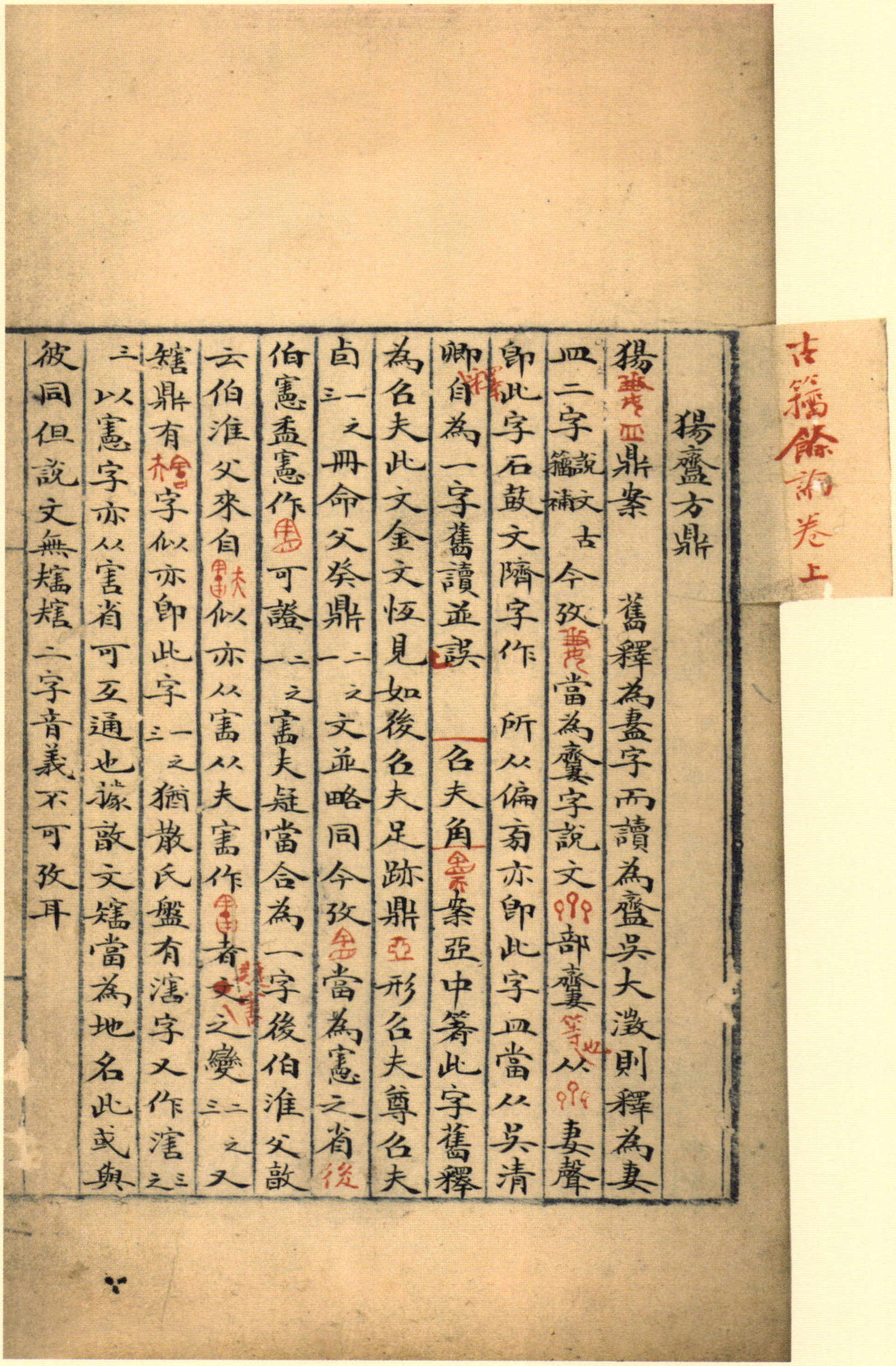

古籀餘論 卷上

昜盦古鼎

昜皿鼎案 舊釋為盡字而讀為盦吳大澂則釋為妻

皿二字說文籀補 古今攷當為𡢁字說文部𡢁从妻聲

卽此字石鼓文𢀛字作 所从偏旁亦卽此字皿當从吳清

卿自為一字舊讀並誤 名夫角案亞中箸此字舊釋

為名夫此文金文恆見如後名夫足跡鼎形名夫尊名夫

卣三之一冊命父癸鼎二之一文並略同今攷當為𢡱之省後

伯𢡱盉𢡱作可證二之一𡨄夫疑當合為一字後伯淮父敨

云伯淮父來自似亦从𡨄从夫𡨄作者之變二之三又

𨪕鼎有字似亦卽此字三之一猶散氏盤有𤅊字又作濧三之三

以𢡱字亦从害省可互通也𢑚敨文𨪕當為地名此或與

彼同但說文無𪸩𧶠二字音義不可攷耳

古籀余论一卷 （清）孙诒让撰 稿本

框高十六·八厘米，宽十一·八厘米，半叶十二行二十三字，小字双行同，蓝格，细蓝口，左右双边。

国家珍贵古籍名录编号：〇三四四九

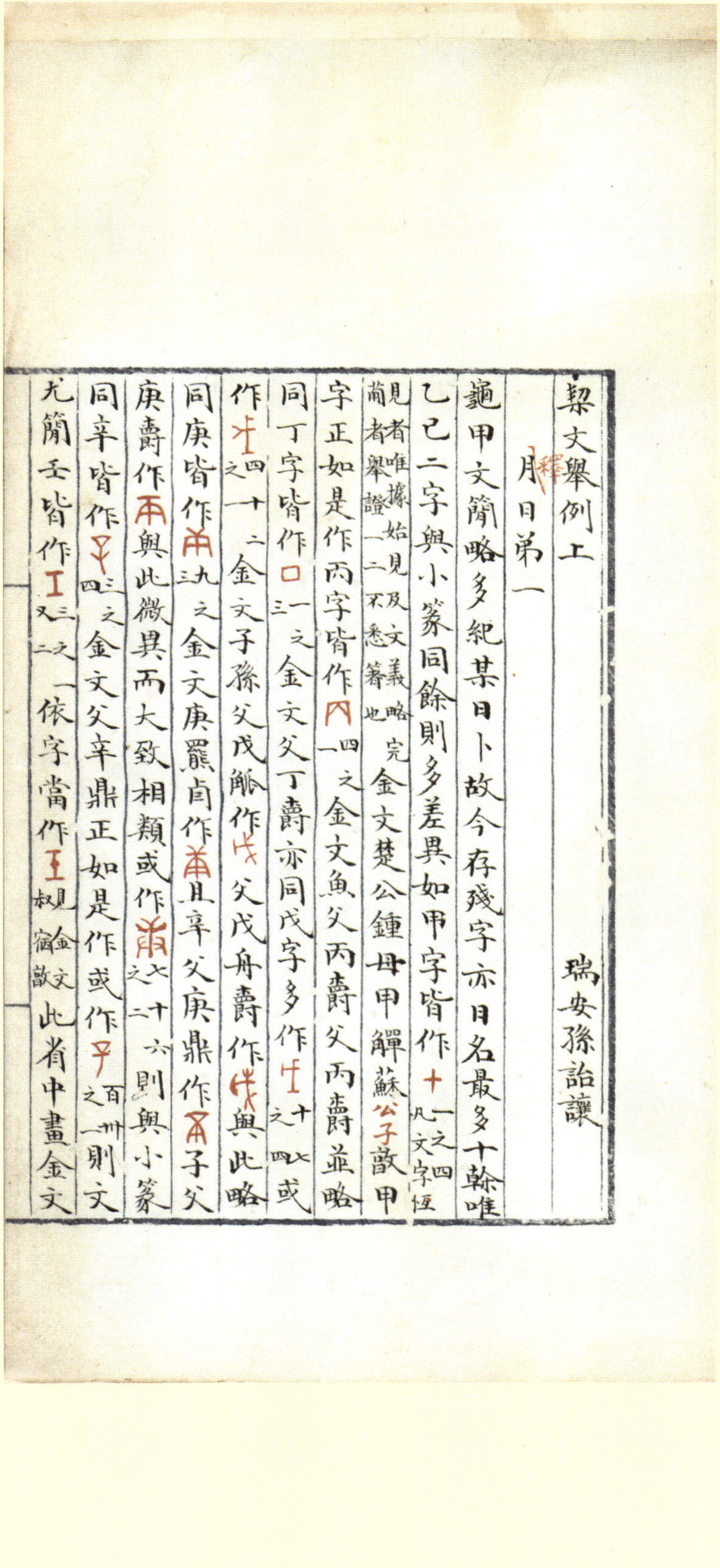
契文舉例上　瑞安孫詒讓
月（釋）日第一
龜甲文簡略多紀某日卜故今存殘字亦日名最多十餘唯
乙己二字與小篆同餘則多差異如甲字皆作十一之四凡文字恆
見者唯據始見及文義略完蔺者舉證一二不悉箸也金文楚公鍾毋甲鱓蘇公子敢甲
字正如是作丙字皆作□一四之金文魚父丙爵父丙爵並略
同丁字皆作□三一之金文父丁爵亦同戊字多作□十之四七或
作□四之一十二金文子孫父戊觚作□父戊舟爵作□與此略
同庚皆作□三九之金文庚罷卣作□且辛父庚鼎作□子父
庚爵作□與此微異而大致相類或作□七十之二六則與小篆
同辛皆作□四三之金文父辛鼎正如是作或作□百卅之一則文
尤簡壬皆作□又三之二一依字當作□見金文叔窗敢此省中畫金文

契文举例二卷　（清）孙诒让撰　稿本
框高十六・九厘米，宽十一・八厘米，半叶十二行二十三字，小字双行同，蓝格，细蓝口，左右双边。有『经微室』印。
国家珍贵古籍名录编号：〇七四五五

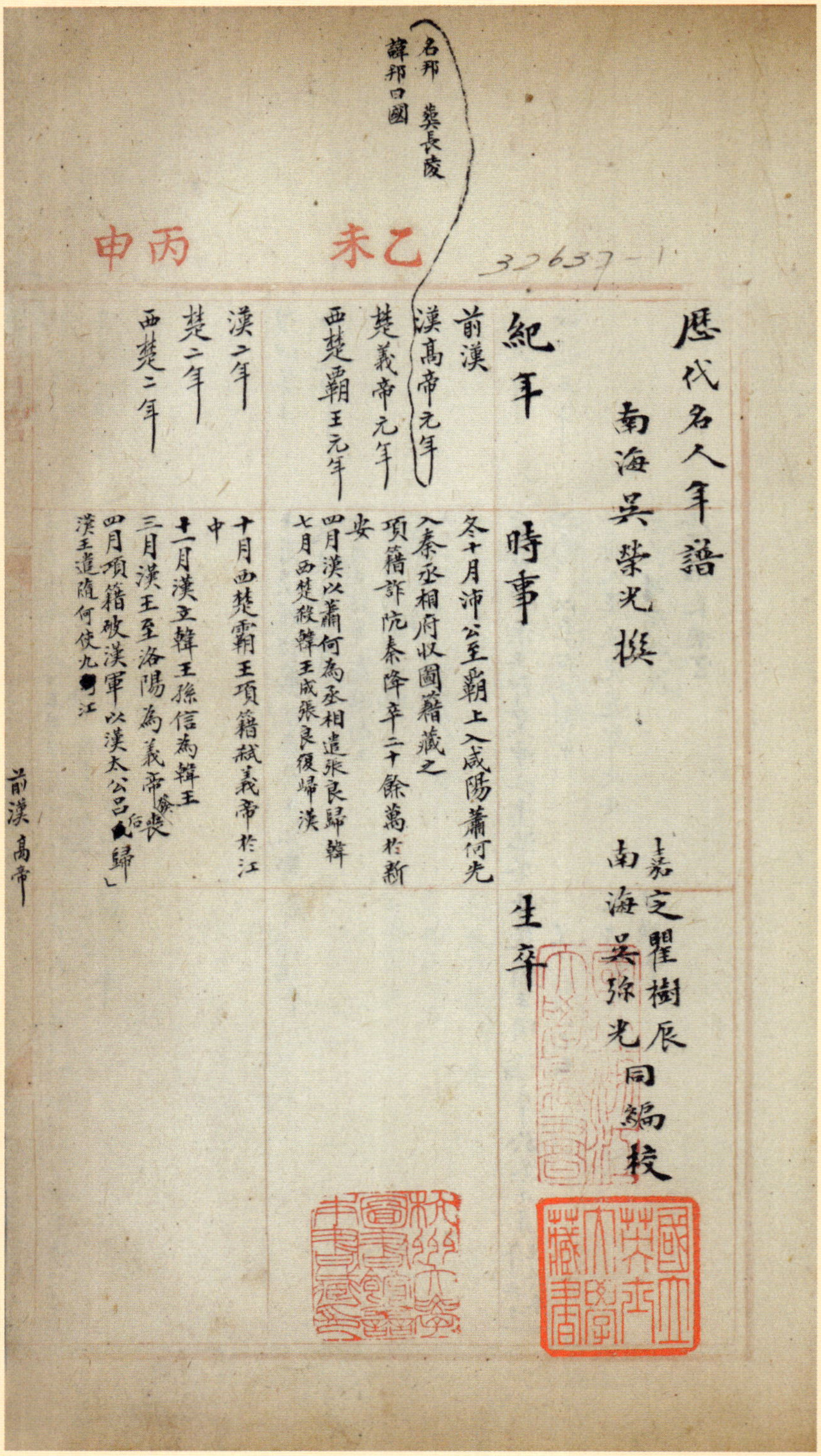
32657-1

乙未　丙申

名邦　葬長陵
諱邦曰國

歷代名人年譜
南海吳榮光撰
嘉定瞿樹辰
南海吳彌光同編校

紀年	時事	生卒
前漢 漢高帝元年 楚義帝元年 西楚霸王元年	冬十月沛公至霸上入咸陽蕭何先入秦丞相府收圖籍藏之 項籍詐阬秦降卒二十餘萬於新安 四月漢以蕭何為丞相遣張良歸韓 七月西楚殺韓王成張良復歸漢	
漢二年 楚二年 西楚二年	十月西楚霸王項籍弒義帝於江中 十一月漢立韓王孫信為韓王 三月漢王至洛陽為義帝發喪 四月項籍破漢軍以漢太公呂后歸 漢王遣隨何使九江	

前漢高帝

历代名人年谱不分卷　（清）吴荣光撰　稿本　姜亮夫题识
框高二十・二厘米，宽十三・七厘米，表格，双红鱼尾，白口，四周双边。有『亮夫』『姜寅清印』等藏印。
国家珍贵古籍名录编号：〇七八六四

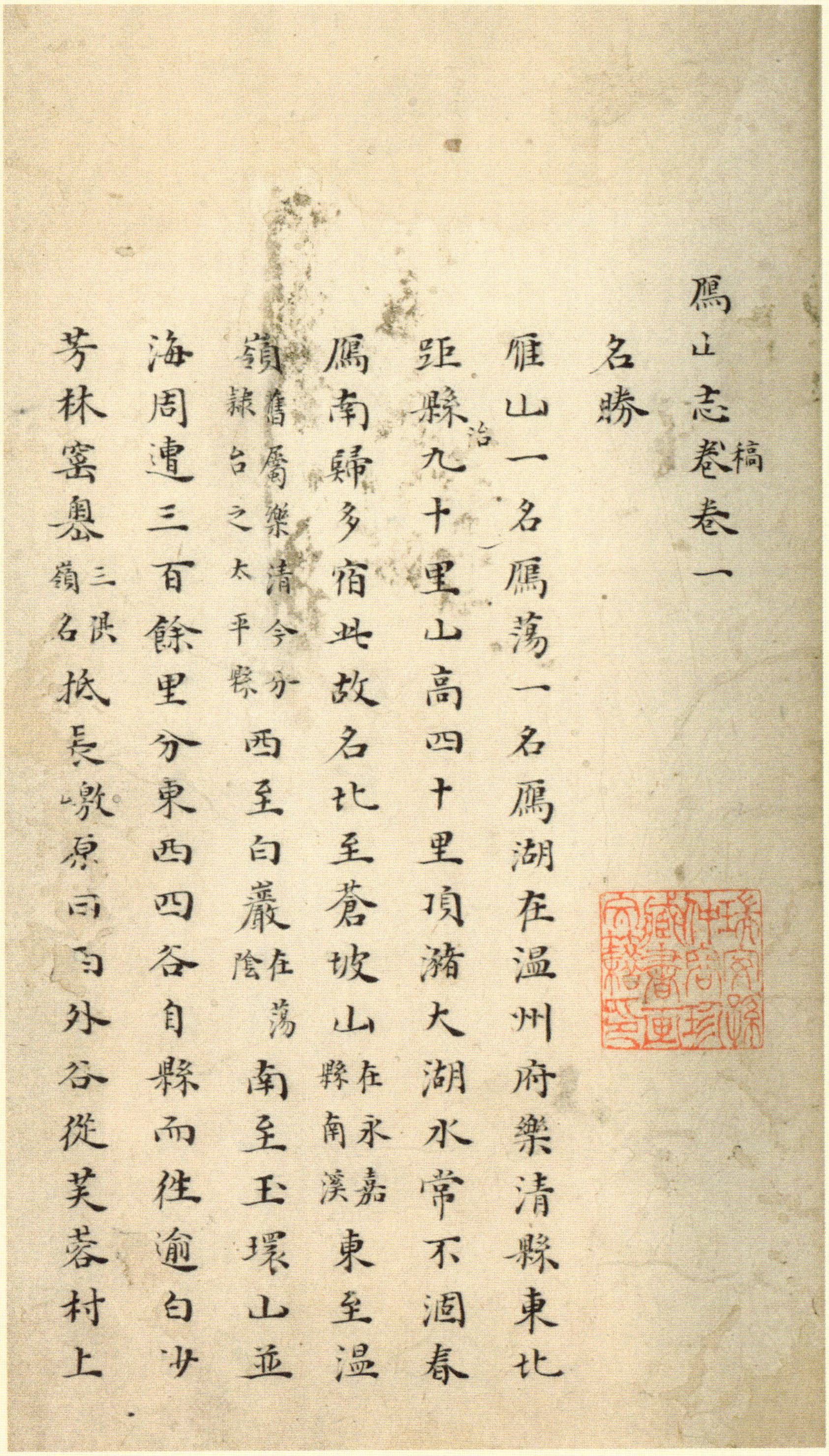

鴈山志稿卷一
名勝
雁山一名鴈蕩一名鴈湖在温州府樂清縣東北
距縣治九十里山高四十里頂渚大湖水常不涸春
鴈南歸多宿此故名北至蒼坡山在永嘉縣南溪東至温
嶺舊屬樂清今分隸台之太平縣西至白巖在蕩陰南至玉環山並
海周遭三百餘里分東西四谷自縣而往逾白沙
芳林窑嶴三岆嶺名抵長嶴原曰白外谷從芙蓉村上

鴈山志稿二十五卷　（清）李象坤撰　稿本

半叶八行二十字，小字双行同。有『象坤』『李氏盌侫』『赤岸』『周天锡印』『瑞安孙仲容珍藏书画文籍印』等藏印。

存十一卷（一至十一）。

国家珍贵古籍名录编号：〇四一九四

商周金识拾遗三卷 （清）孙诒让撰 稿本

框高十九·四厘米，宽十一·八厘米，半叶十行二十二字，小字双行同，蓝格，细蓝口，双蓝鱼尾，左右双边。有『仲颂』『籀庼』『经微室』『臣诒让印』『周湜』『采泉』等藏印。

国家珍贵古籍名录编号：〇四三三九

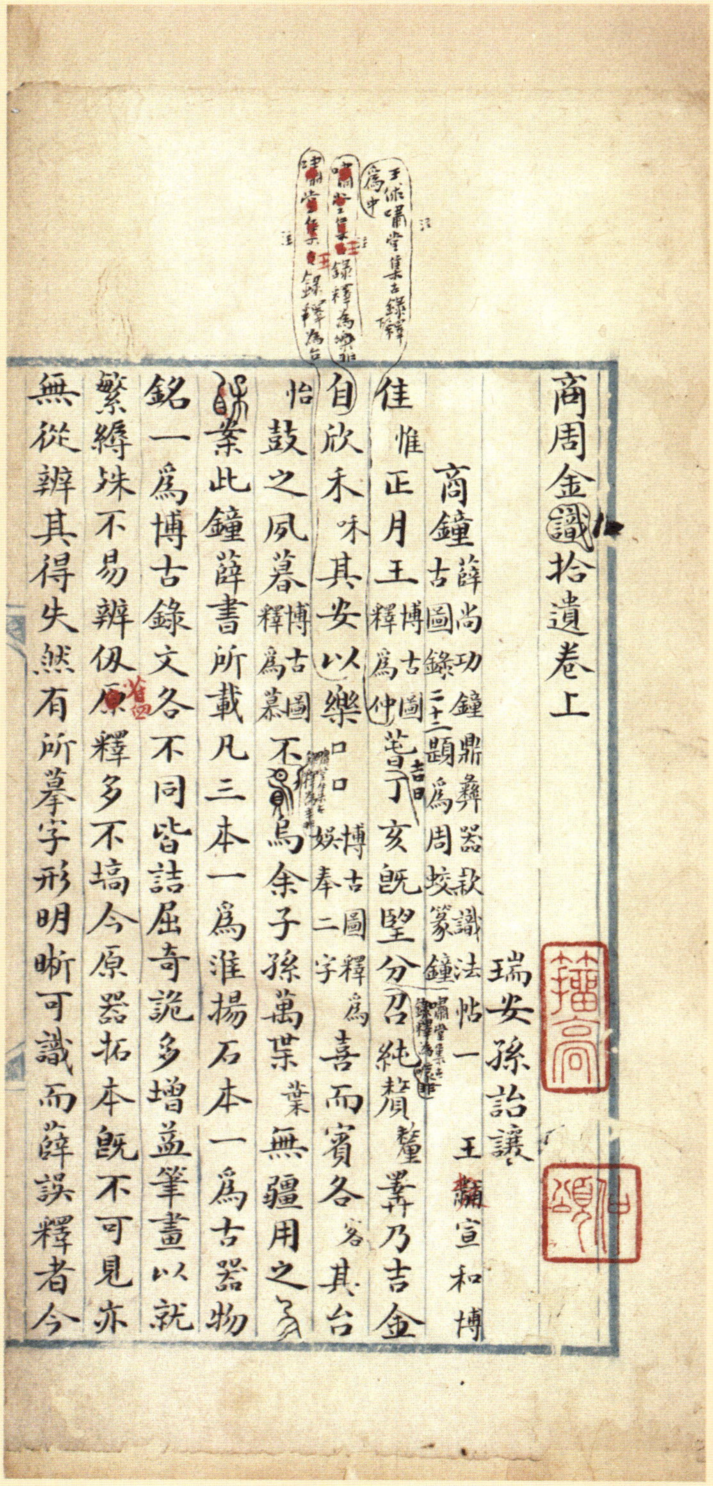

商周金識拾遺卷上

瑞安孫詒讓

商鐘 薛尚功鐘鼎彝器款識法帖一 王黼宣和博古圖錄二十二題爲周蛟篆鐘

隹 惟 正月王 博古圖釋爲仲 吉 丁亥既望分召純賛[illegible]彝乃吉金

自欣禾 咊 其安以樂口口 博古圖釋爲喜而賓各 客 其台

怡 鼓之夙暮 博古圖釋爲慕 不[illegible]烏余子孫萬枼 葉 無疆用之[illegible]

[illegible]枼此鐘薛書所載凡三本一爲淮揚石本一爲古器物

銘一爲博古錄文各不同皆詰屈奇詭多增益筆畫以就

繁縟殊不易辨彶原釋多不塙今原器拓本既不可見亦

無從辨其得失然有所摹字形明晰可識而薛誤釋者今

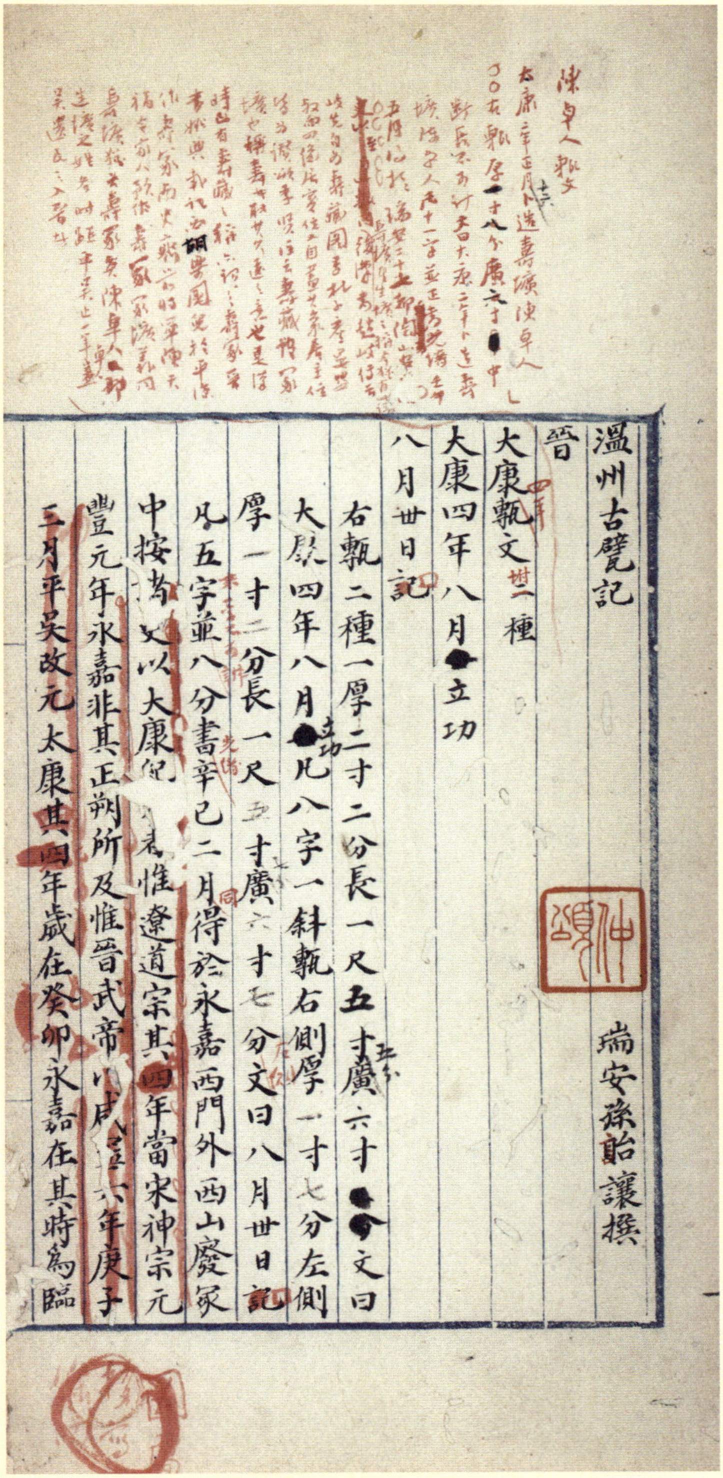

温州古甓记不分卷 （清）孙诒让撰 稿本
框高十六·八厘米，宽十一·八厘米，半叶十二行二十四字，小字双行同，蓝格，细蓝口，左右双边。有『仲颂』印。
国家珍贵古籍名录编号：〇四三五六

名称：水青树
拉丁学名：*Tetracentron sinensis* oliv.
编号：60041154
采集时间：1979-10-08
尺寸：41.00 厘米 ×33.00 厘米
科属：水青树科（*Tetracentraceae*）水青树属

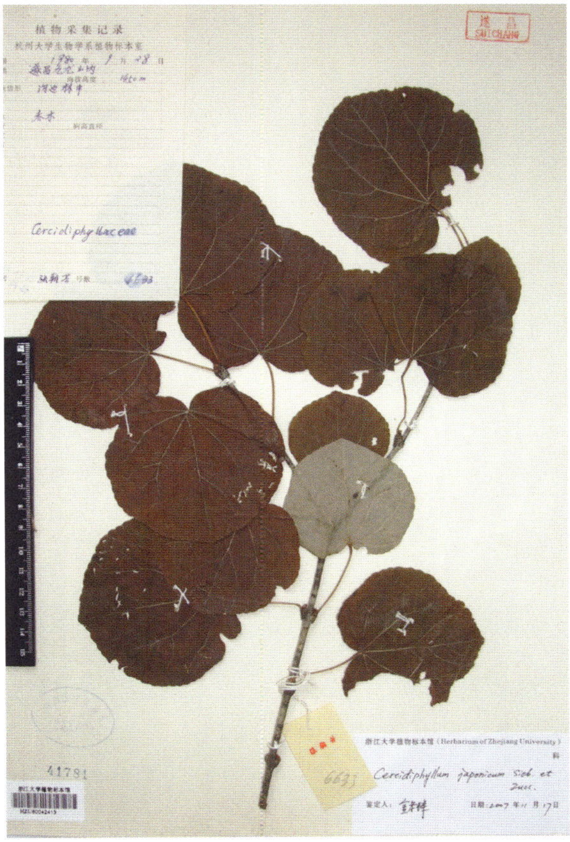

名称：连香树
拉丁学名：*Cercidiphyllum japonicum* Sieb.et Zucc.
编号：60042413
采集时间：1980-09-28
尺寸：41.00 厘米 ×33.00 厘米
科属：连香树科（*Cercidiphyllaceae*）连香树属

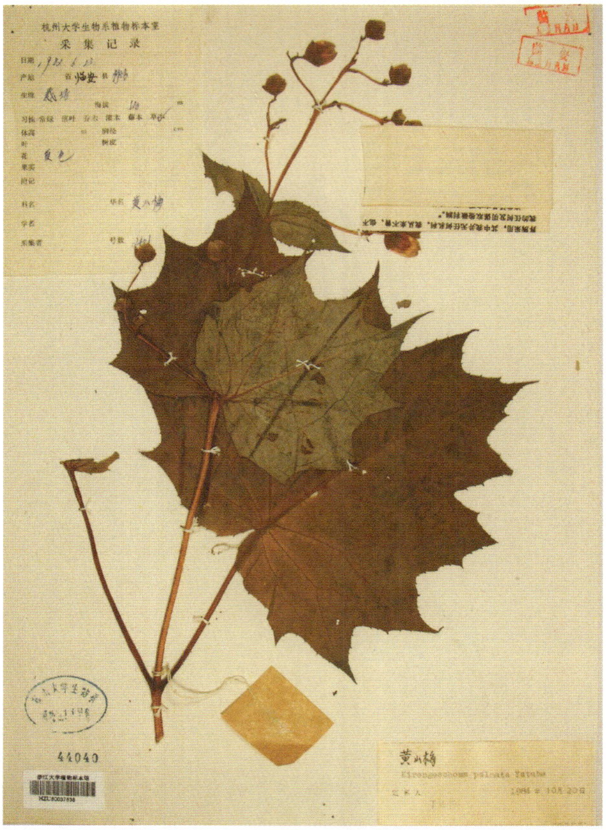

名称：黄山梅

拉丁学名：*Kirengeshoma palmata* Yatabe.

编号：60037638

采集时间：1982-06-13

尺寸：41.00 厘米 ×33.00 厘米

科属：虎耳草科 (*Saxifragaceae*) 黄山梅属

名称：七子花

拉丁学名：*Heptacodium miconioides* Rehd.

编号：60025287

采集时间：1983-08-14

尺寸：41.00 厘米 ×33.00 厘米

科属：忍冬科（*Caprifoliaceae*）七子花属

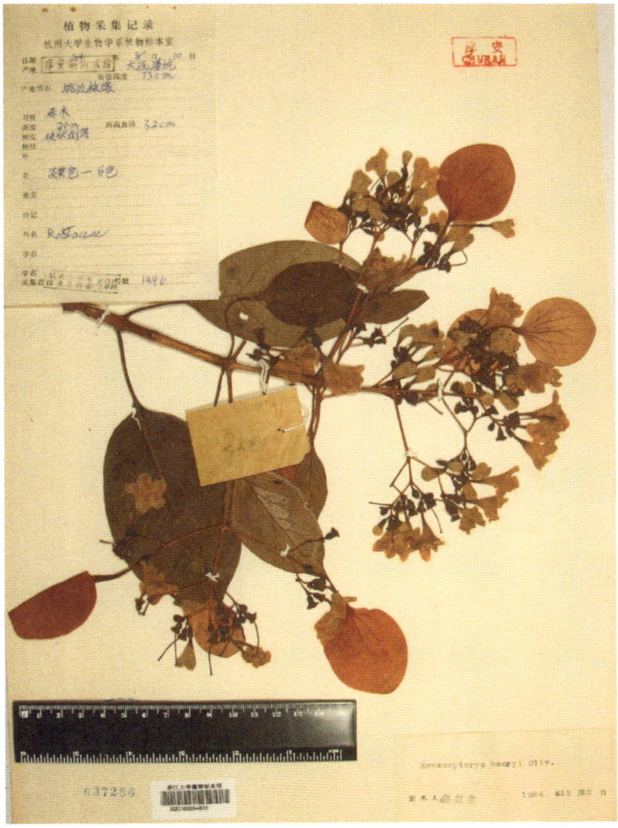

名称：香果树

拉丁学名：*Emmenopterys henryi* Oliv.

编号：60034835

采集时间：1984-08-10

尺寸：41.00 厘米 ×33.00 厘米

科属：茜草科 (*Rubiaceae*) 香果树属

名称：长叶榧树

拉丁学名：*Torreya jackii* Chun

编号：60004666

采集时间：1985-08-06

尺寸：41.00 厘米 ×33.00 厘米

科属：红豆杉科（*Taxaceae*）榧树属

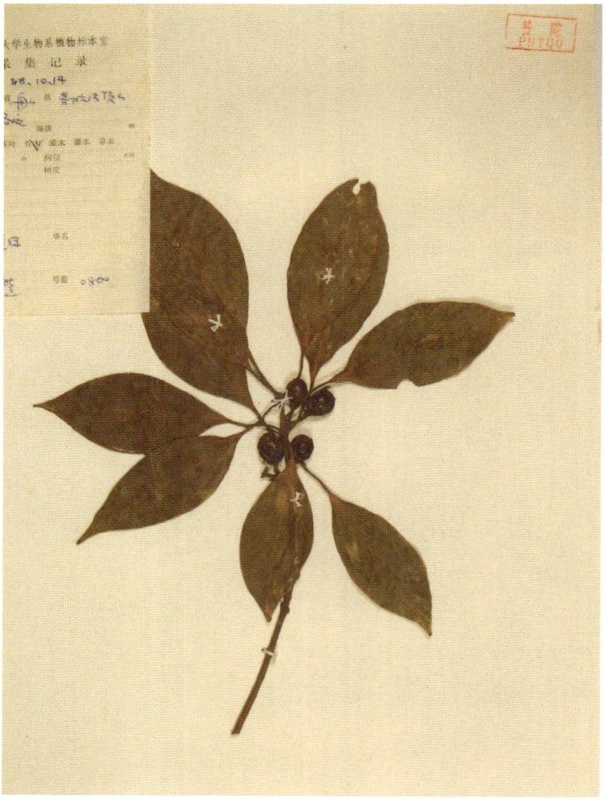

名称：舟山新木姜子
拉丁学名：*Neolitsea sericea* (Bl.)Koidz.
编号：60039057
采集时间：1988-10-14
尺寸：41.00 厘米 ×33.00 厘米
科属：樟科（*Lauraceae*）新木姜子属

名称：杜仲
拉丁学名：*Eucommia ulmoides* Oliver
编号：60076724
采集时间：2001-10-26
尺寸：41.00 厘米 ×33.00 厘米
科属：杜仲科 (*Eucommiaceae*) 杜仲属

名称：天目铁木
拉丁学名：*Ostrya rehderiana* Chun
编号：60083487
采集时间：2007-05-18
尺寸：41.00 厘米 ×33.00 厘米
科属：桦木科 (*Betulaceae*) 铁木属

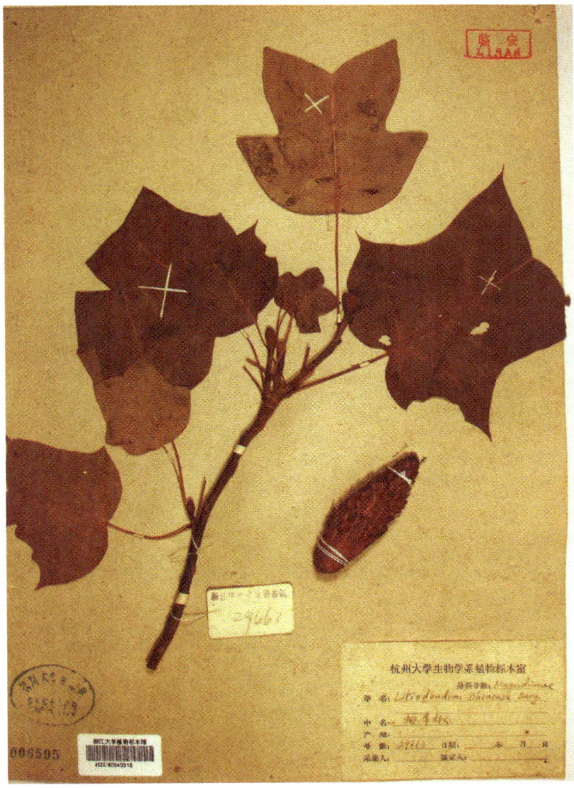

名称：鹅掌楸
拉丁学名：*Liriodendron chinense* (Hemsl.)Sarg.
编号：60040315
采集时间：不详
尺寸：41.00 厘米 ×33.00 厘米
科属：木兰科（*Magnoliaceae*）鹅掌楸属

名称：石油马来鳄（大），石油马来鳄（小）
拉丁学名：*Tomistoma petrolica*
动物门：脊索动物门，爬虫纲
年代：古近纪，始新世中晚期，3500 万年前
尺寸：96.00 厘米 ×21.00 厘米 ×10.00 厘米（大），65.00 厘米 ×25.00 厘米 ×5.00 厘米（小）
描述：化石的吻部较长，又叫长吻鳄，因产自油页岩，又称其为石油马来鳄，由在三叠纪至白垩纪的中生代两栖类动物进化而来，生活在 3500 万年前的始新世，体形与现在的鳄鱼几乎没什么区别，是半水陆生性凶猛的爬行类动物。

陆龟群化石
拉丁学名：*Testudinidae*
动物门：脊索动物门，爬虫纲
年代：晚白垩—古近纪，2300 万—6500 万年前
尺寸：65.00 厘米 ×25.00 厘米 ×65.00 厘米
描述：白色，背甲拱起较高，花纹清晰。背、腹面有甲板，躯干部的脊椎骨、胸骨、肋骨与甲板愈合。陆龟整体完整，形态各异，是非正常状态下的集体埋藏，可能是遭遇突发事件，比如洪水、地震或是泥石流等自然灾害，令它们瞬间死亡。集体出现可能是因穴居生活。

名称：中华扁体鱼

拉丁文：*Sinoplatysomue*

动物门：脊索动物门，软骨硬鳞鱼类

年代：二叠纪晚期，2.5 亿年前

尺寸：32.00 厘米 ×28.00 厘米 ×1.00 厘米

描述：体形向扁高发展。口小，舌颌骨近乎垂直。背鳍和臀鳍延长。尾鳍因深分叉而呈歪型。鳞片薄，只有骨质层。我国华南海相二叠系中常能发现其鳞片化石。出土于浙江长兴晚二叠世长兴组，是我国目前所获的比较完整的化石之一。长兴煤山 D 剖面在 2001 年由国际地质科学联合会批准作为全球二叠 / 三叠系界线层型剖面和点位。

名称：南漳鱼（南漳龙）

拉丁文：*Nanchangosaurus*

动物门：脊索动物门，南漳龙属

年代：三叠纪晚期，约 2 亿年前

尺寸：25.00 厘米 ×4.50 厘米 ×0.50 厘米

描述：又叫南漳龙，是已灭绝的海生爬行动物，生存于三叠纪晚期。其属名是以化石发现地湖北省南漳县为名的。南漳龙的身长约 25 厘米，外形类似豚或者鱼龙类，体型呈流线型，四肢呈鳍状，背部有骨质鳞甲，尾巴较长，类似于鳄鱼类，适合游泳，因此可能是鱼龙类或江豚的近亲。

附录

浙江大学图书馆藏品（54 件）

唐白釉瓷盖罐
宋定窑白釉瓷碗
宋耀州窑青釉刻花瓷碗
汉四神纹铜镜
宋仿唐瑞兽葡萄铜镜
资治通鉴纲目五十九卷
史记一百三十卷
新编方舆胜览七十卷
唐书二百二十五卷
国朝文类七十卷目录三卷
乐府诗集一百卷
十三经注疏三百三十五卷
礼记集说三十卷
大乐律吕元声六卷
洪武正韵十六卷
资治通鉴节要续编三十卷
楚骚五卷
畏庵集十卷
唐人集□□种□□卷
唐诗始音十卷
唐诗绝句类选四卷总评一卷人物一卷
大戴礼记补注十三卷序录一卷
集韵十卷
逸周书集训校释十卷逸文一卷

孔子家语十卷
杜工部全集六十六卷目录六卷
李长吉昌谷集句解定本四卷
李杜全集八十三卷
真文忠公续文章正宗二十卷
读易管窥四卷
夏小正正义不分卷
宋太学石经考一卷
古籀拾遗三卷
古籀余论一卷
契文举例二卷
历代名人年谱不分卷
鴈山志稿二十五卷
商周金识拾遗三卷
温州古甓记不分卷
乾象坤图格镜十八卷
六历甄微五卷
兰舫笔记一卷
籀　述林十卷
古乐苑不分卷
武经总要前集二十卷后集二十卷
龙洲道人集十卷
白石道人歌曲六卷别集一卷
周此山诗集四卷
范德机诗集七卷
三山翰林院典籍高漫士木天清气诗集不分卷
苹洲渔笛谱二卷集外词一卷
劝善金科十本二十卷首一卷
玉海二百卷
彝器款识不分卷

浙江大学档案馆藏品（85 件）

“国立浙大”界石

沙孟海行十四言龙门对

刘海粟行书“求是园”镜片

启功行书“百年翰墨”镜片

马一浮行书“追题乙盦先生海日楼图”镜片

马一浮行书“感事（二首）”镜片

马一浮行书“和苏盦西阁赏荷”镜片

马一浮行书“雨怀之二”镜片

马一浮行书“避乱郊居诗”镜片

马一浮行书“拟古”镜片

马一浮行书“滤风行”手卷

马一浮行书“宋冯镶画仙山楼阁跋”镜片

马一浮隶书八言联

马一浮篆书七言联

沙孟海行书毛泽东满江红轴

陆维钊篆书轴

沈尹默草书毛泽东诗轴

张宗祥行书毛泽东诗轴

常书鸿、李承仙“临抚敦煌北魏飞天四身”镜片

陆俨少墨荷图轴

陆抑非《古桂落天香》

THE ENCYCLOPAEDIA BRITANNICA

上海亚东图书馆铅印本《儒林外史》

《新旧约全书》

陆奥宗光著《日本侵略中国外交秘史》

梁启超著《清代学术概论》

梁启超著《先秦政治思想史》

上海亚东图书馆铅印本《红楼梦》（上、中、下）

上海亚东图书馆印行《三国演义》（上、下）

裴学海著《古书虚字集释》

童书业著《春秋史》

上海亚东图书馆发行《胡适文存二集》（上、下）

国立浙江大学第一届毕业纪念刊

卢守耕著《稻作学》（上卷）
国立浙江大学校刊（第 41—60 期）
国立浙江大学龙泉分校校刊（一、二、三期）
国立浙江大学师范学院院刊（第一集 第一、二册）
国立浙江大学文学院集刊（第二、三、四集）
国立浙江大学日刊
王仁东珍藏的《上海交通大学年刊》
陈鸿逵在美国学习期间的学习报告（Citrus Canker）
国立浙江大学教职员录
民国浙江医药专门学校一八年毕业纪念册
国立浙江大学编写的《训导纲要》
《浙江大学西迁纪实》
《沈思岩合唱曲集第一集》
洛雨词、沈思岩曲的《保护劳动果实》
国立浙江大学浙大合唱团春季音乐会节目单
浙大毕业生的《廿九级级歌》
马一浮作词、应尚能作曲的浙大校歌
喜鹊歌咏队歌谱
浙江公立甲种工业学校修业证书存根册
浙江省立甲种工业学校研究科毕修业存根册
浙江公立工业专门学校毕修业证书存根册
国立浙江大学学生学籍表
国立浙江大学入学学生成绩单
国立浙江大学学生成绩单
浙江省公立甲种工业学校学生学籍簿
浙江公立甲种工业学校学生学籍簿
学生程永年国立英士大学转学证明书
国立浙江大学龙泉分校农学院徐开浩学籍证明书
大同大学姜英涛在学证明书
浙江省高中及同等学校学生军训期满成绩表及证书（包括浙大高工学生）
国立浙江大学工学院土木工程学系吴光汉毕业证书
朱祖祥的美国密歇根州立学院（现为密歇根州立大学）硕士学位证书
侯虞钧私立南开中学毕业证书
俞国顺国立浙江大学教员聘书
王琎的国立浙江大学教员聘书

学生谢莲蒸毕业证书
郁永侁国立浙江大学教员聘书
李政道赣县基督教联合中学毕业证明书
郁永侁毕业于国立浙江大学证明书
国立浙江大学第一批报考空军军官学校留美空军军官学生名册（三年级以上）
国立浙江大学教务会议纪录（第一至第十次）
浙江大学足球队于浙大操场合影
浙江大学农学院全体毕业同学合影
浙江大学农学院学生在浙大新教室前合影
郑宗海浙大西迁分校校刊《发刊词》手稿
国立浙江大学文学院季刊原稿
陶秋英《病囚记》手稿
竺可桢的文稿簿（六）
费巩致邵全声的亲笔信
姜亮夫手稿《瀛涯敦煌韵辑》）
竺可桢致阮毅成的亲笔信函
竺可桢致阮毅成的亲笔信函

浙江大学文物与博物馆学系藏品（38 件）

战国—汉谷纹玉璧
东晋青釉瓷鸡首壶
宋龙泉窑青釉莲瓣纹瓷五管瓶
唐巩县窑白釉双龙柄瓷盘口壶
南宋龙泉窑青釉瓷水盂
宋余姚窑青白瓷粉盒（盒底）
明龙泉窑青釉刻花瓷笔筒
清景德镇窑蓝釉描金瓷六角瓶
周带盖铜鼎
汉龙纹铜镜
南宋石十五郎葵花形铜镜
明鎏金铜寿星
清“石叟”款嵌银丝簋式铜香炉
民国仿商代父乙铜觯

民国仿商代父乙铜爵
旧石器时代中期山西襄汾丁村遗址砍砸器石核
旧石器时代早期周口店第一地点砍砸器
旧石器时代宁夏水洞沟三角形石片
旧石器时代晚期四川汉原富林县石片
五代吴越吴汉月墓石刻头像
唐代佛头石像
明清石雕窗櫺
民国三十六年夏承焘题二顾室
民国何枡含梅图轴
西汉新莽大泉五十铜钱
西汉新莽货布铜布币
北周“永通万国”铜钱
北宋“崇宁通宝”铜钱
北宋“大观通宝”铜钱
元“至正通宝”铜钱
明“洪武通宝”铜钱
清“咸丰重宝”当十铜钱
清镂空双龙纹厌胜铜钱
民国三十四年浙东银行五圆纸币
新石器时代骨镞
新石器时代河姆渡文化骨耜
商骨贝币
商贝币

浙江大学教育学院藏品（7件）

民国商务印书馆吕金錄译《儿童环游世界记》
民国商务印书馆孟承宪译《实用主义》
民国正中书局郑鶴声编《中学历史教学法》
清末上海文明书局《蒙学中国历史教科书》
民国南京高等师范学校《体育研究会会刊》
民国上海勤奋书局吴邦伟著《足球规则问答》
民国商务印书馆马良创编《中华新武术剑术科》上编（上课、下课）

浙江大学地球科学学院藏品（5 件）

石油马来鳄（大）
石油马来鳄（小）
陆龟群化石
中华扁体鱼
南漳鱼（南漳龙）

浙江大学生命科学学院藏品（20 件）

鹅掌楸
观光木
白豆杉
舟山新木姜子
天目铁木
杜仲（1）
蛛网萼（1）
夏蜡梅
蛛网萼（2）
红豆杉
水青树
连香树
黄山梅
七子花
香果树
长叶榧树
舟山新木姜子
杜仲（2）
天目铁木
鹅掌楸

浙江大学农业与生物技术学院藏品（54件）

蝉科
眼蝶科
蝗总科
锥头蝗科
叩甲科
毛翅目
静背茧蜂
竹刺蛾小室姬蜂
云南角额姬蜂
浅黑常室茧蜂
中华强脊细蜂
纵卷叶螟长体茧蜂
南方双距螯蜂
祝氏对眼姬蜂
四川细弱茧蜂
云南宽鞘茧蜂
混淆叉齿细蜂
皱胸光胸细蜂
大瑶山超齿拟瘦姬蜂
天目山刻柄茧蜂
泽常室茧蜂
赵氏对眼姬蜂
黑角洼头小蜂
短脉绒茧蜂
祝氏单爪螯蜂
方盾脊额旗腹蜂
狭臀转长泥蜂
新疆肿额细蜂
长管三缝茧蜂
角唇棒泥蜂
吴氏阔跗茧蜂
长背姬蜂茧蜂

周氏叉齿细蜂

透沟腹茧蜂

甘肃短细蜂

圣利诺合沟茧蜂

短距背腰茧蜂

玉米螟

大蓑蛾

刺蛾紫姬蜂

梨蝽象

黄黑大芫菁

茶叶斑蛾

黄褐夜蛾

黄胫黑守瓜

黄胸白蚁

茶天牛

稻水象甲

梨大食心虫

葡萄粉蚧

稻纵卷叶螟

中国步行虫

玉米夜蛾

粟杆蝇

后记

2016年12月29日，浙江大学第一次全国可移动文物普查工作总结大会举行，为历时三年多的普查工作划上了圆满的句号。这既是学校第一次可移动文物普查、信息采集、资产清点工作，也是百年浙大积累的文化遗产的大荟萃，为可移动文物的保护和利用提供了科学依据。

浙江大学可移动文物普查工作始于2013年，按照《浙江省人民政府关于在全省开展第一次全国可移动文物普查的通知》（浙政发〔2013〕14号）等文件精神，学校印发了《浙江大学校长办公室关于开展可移动文物普查工作的通知》（浙大校办〔2013〕17号），在浙江省文物局的指导下，浙江大学于2013年9月正式启动了全校可移动文物普查工作。学校成立了浙江大学可移动文物普查工作领导小组，由罗卫东副校长担任组长，统一指导全校可移动文物普查工作。2014年9月，学校召开了可移动文物普查工作会议，审议通过了《浙江大学第一次全国可移动文物普查工作方案》（浙大档发〔2014〕4号），学校还安排普查专项经费200万元，确保该项工作顺利进行。

按照属地普查的原则，经过对全校81个单位部门的摸底调查，确定7个可移动文物收藏单位。此后，在浙江省可移动文物普查办和校可移动文物普查工作领导小组的指导下，经浙江省文物专家和省普查办同志亲临典藏室逐一认定，校内各文物收藏单位按照《馆藏文物登录规范》（WW/T 0017-2013）以及国家文物局《关于做好馆藏自然类藏品登录工作有关要求的通知》的要求，科学、规范、有序地完成了本次可移动文物普查工作。我校作为全省可移动文物普查的重点单位，在第一次全国可移动文物普查登录系统中完成了19293件/套的文物上报工作，占全省可移动文物数约2%，收藏数量位居全省第10位，在全国古籍普查登记平台完成14647部的古籍图书上报任务。

为更好地总结浙江大学第一次全国可移动文物普查的工作成果，保护求是园中珍贵文物，我们编纂了《求是聚珍——浙江大学可移动文物精选》一书，以传承求是校训，弘扬大学精神。

在本书的编纂过程中，得到了浙江省文物局领导、省可移动文物普查办同志和文物专家，以及学校可移动文物收藏单位分管领导的大力支持，在此一并致谢！

由于水平有限，本书难免存在疏漏之处，还请读者批评指正！

《求是聚珍》编委会

二〇一七年七月

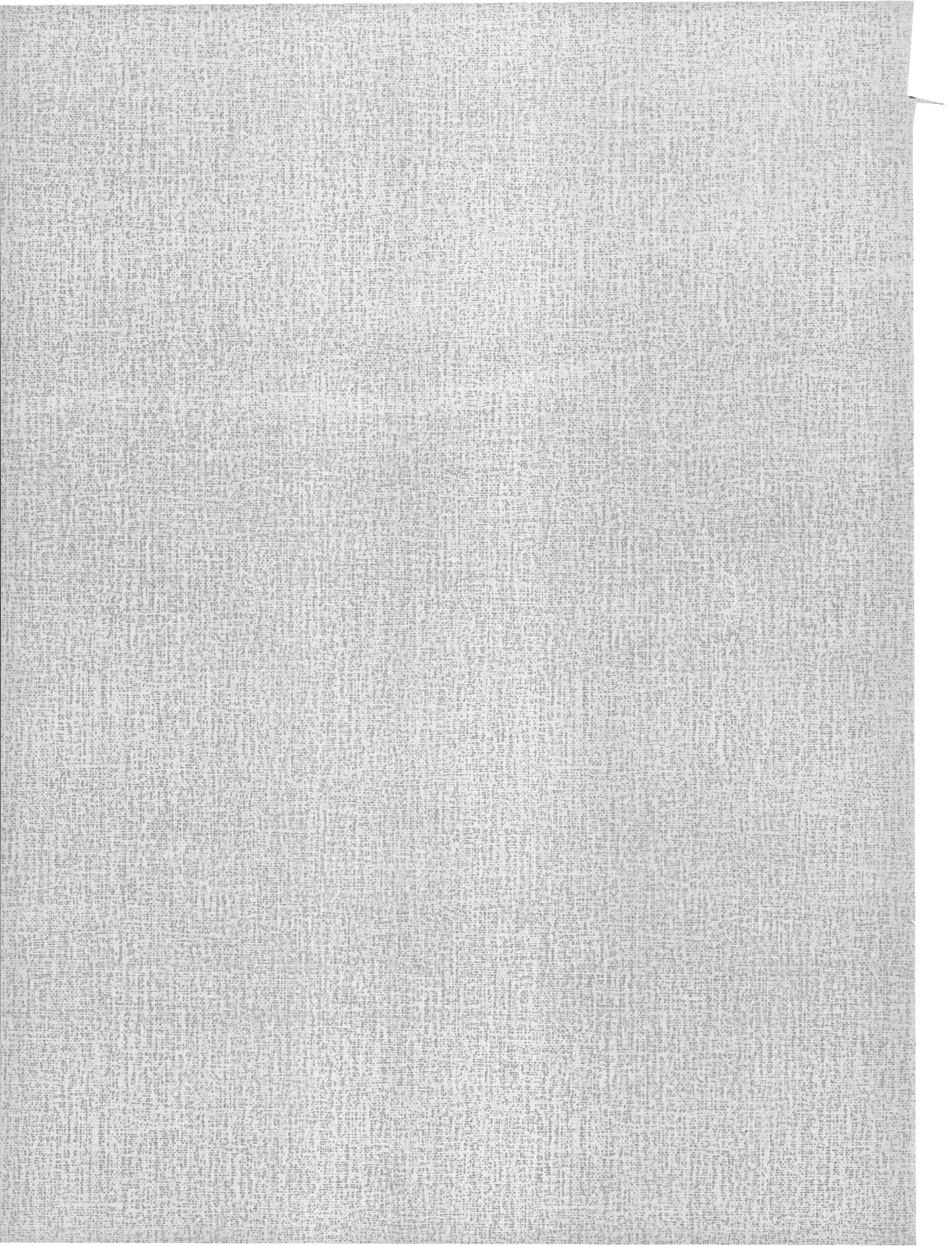